KB039089

4·16구술증언록 단원고 2학년 5반 제7권

그날을 말하다

건우 아빠 김정윤

이 도서의 국립중앙도서관 출판예정도서목록(CIP)은 서지정보유통지원시스템 홈페이지(http://seoji.nl.go.kr)와 국가자료공동목록시스템(http://www.nl.go.kr/kolisnet)에서 이용하실 수 있습니다.
CIP제어번호: CIP2019009641

4·16구술증언록 단원고 2학년 5반 제7권

그날을 말하다

건우 아빠 김정윤

4·16기억저장소 기획 편집
(사) 4·16세월호참사가족협의회 지원 협조

한울

일러두기

1. 음절로 식별 가능한 소리를 들리는 대로 전사하는 것을 원칙으로 한다.
2. 의미를 파악하기 위해 추가 설명이 필요할 경우 [ ]로 표시한다.
3. 몸짓, 어조 등 비언어적 행위는 ( )로 표시한다.
4. 구술자가 말을 잇지 못해 말줄임표를 사용하는 경우 ……, …로 길고 짧음을 표시한다.
5. 비공개 영역은 〈비공개〉로 표시한다.
6. 비공개해야 하는 희생자 형제자매의 이름은 ○○, △△ 등의 도형기호로, 생존자의 이름은 A, B, C 등 알파벳 대문자로 표시한다.
7. 비공개해야 하는 제3자는 직분이나 소속, 성만 공개하고, 이름은 ××로 표시한다. 비공개해야 하는 숫자는 자릿수에 상관없이 □로 표시하며, 지명은 □□로 표시한다.

책머리에

4·16기억저장소에서는 세월호 참사 5주기를 맞아 구술증언 수집 사업의 결과물 일부를 100권의 책으로 발간하게 되었습니다. 이 사업은 2015년 6월부터 다양한 학문 분야 구술 연구자들의 자발적인 참여로 진행되어 왔으며, 세월호 참사를 좀 더 정확하고 다각적으로 기록하고 기억하고자 하는 노력의 일환으로 수행되었습니다.

2014년 참사 발생 이후, 참사 피해자들의 목격담과 경험은 안타깝게도 공식적인 국가기관과 언론의 기록 속에서 철저히 소외되거나 왜곡되었습니다. 그것은 세월호 참사가 우리에게 안긴 죽음과 고통의 충격만큼이나 우리 사회의 끔찍한 비극이었습니다. 따라서 사업을 진행하면서 세월호 참사 희생자 가족, 생존자, 생존자 가족, 어민, 잠수사, 활동가, 기자 등등, 참사의 초기 과정을 직접 경험한 분들의 증언을 우선적으로 수집했습니다. 구술자는 이 사업의 취지와 방식에 개인적으로 동의한 분 중에서 선정했으며, 참여 과정에 어떠한 금전적 보상이나 이익이 제공되지 않았습니다. 또한 구술증언 수집 사업을 진행하는 동안, 면담자는 연구자이자 참사를 겪은 공동체 시민으로서 최대한 윤리적이고자 노력했습니다.

구술자마다 매회 약 2시간씩 3회를 원칙으로 음성 녹취와 영상 촬영을 하는 방식으로 진행되었고, 증언의 일관성을 확보하기 위해 면담자는 큰 틀에서 공통 질문지를 사용했습니다. 공통 질문지의 내용은 참사와 구술자 간의 관계성에 따라 차이가 있지만, 유가족 구술의 경우 1회차 '참사 이전의 삶, 팽목항과 진도에서의 경험, 자녀에 대한 기억'을, 2회차 '참사 이후 투쟁과 공동체 활동 경험'을, 3회차 '참사 이후 개인 및 가족이 경험한 삶의 변화와 깨달음, 자녀의 현재적 의미'를 중심으로 했습니다. 이처럼 증언 내용은 참사 이전에서 시작해 참사 발생 당시의 경험과 이후의 변화 과정까지 폭넓게 수집했고, 면담자는 구술 채록 과정에서 구술자의 발화를 최대한 존중하고자 했으며, 무엇보다 각자의 특수한 경험과 다른 시각을 충실히 반영하고자 했습니다.

이 구술증언록의 발간을 위해, 채록된 음성 자료는 문서로 변환해 구술자와 함께 검토했고, 현재 시점에서 공개할 수 있는 영역과 할 수 없는 영역으로 구별했습니다. 따라서 책에 실린 내용은 모두 구술자로부터 공개를 허락받은 부분입니다. 비공개 영역은 추후 구술자의 동의를 받아 적절한 절차를 거쳐 추가로 공개될 수 있으리라 생각합니다.

이 구술증언록 100권에는 그동안 우리 사회에 왜곡되어 알려지거나 잘 알려지지 않았던, 참사 발생 직후 팽목항과 진도 혹은 바다에서의 초기 상황에 관한 중요한 증언이 포함되어 있습니다. 또한, 자녀를 잃는 잔인하고 애통한 상황을 겪으면서도 그 누구보다 강인한 정치적 주체로 성장할 수밖에 없었던 유가족의 마음과 경험을 구체적으로, 그리고 여러 각도에서 살펴볼 수 있습니다. 그 외에도, 이 구술증언록은 2014년을 전후한 한국 사회의 여러 측면을 드러내는 귀중한 자료가 되리라고 생각합니다. 무엇보다 국내외의 많은 분이 이 책을 읽어, 장차 세월호 참사의 진상 규명과 역사 서술에 기여할 수 있기를 바랍니다.

구술증언 수집 사업이 진행되고, 책으로 출간되기까지 많은 분의 도움과 지지가 있었습니다. 이 지면을 빌려 부족하나마 감사의 말씀을 전하고자 합니다.

먼저 (사)4·16세월호참사가족협의회와 4·16기억저장소에 감사를 드립니다. 이분들의 신뢰와 적극적인 협조가 없었다면, 이 사업은 처음부터 시작할 수조차 없었을 것입니다. 또한 어려운 정치 환경 속에서도 사업의 취지에 공감해 재정 지원을 결정해 준 아름다운가게와 역사문제연구소에 감사드립니다. 두 단체 덕분에, 이 사업을 4년 동안 계속해 올 수 있었습니다. 그리고 구술증언록 100권의 발간에 동의하고, 바쁜 일정에도 출판 실무를 기꺼이 맡아주신 한울엠플러스(주)에도 감사를 드립니다. 이 외에도 많은 개인과 단체가 직간접적으로 많은 도움을 주시고 격려해 주셨습니다. 여기에 모두 밝히지 못하는 것을 죄송하게 생각합니다.

말할 필요도 없이, 가장 크고 또 가슴 아픈 감사는 구술자 한 분 한 분께 드리고자 합니다. 이 책이 발간될 수 있었던 것은, 무엇보다 용기를 내어 아픔과 고통의 기억을 다시 떠올리고 장시간 진심으로 이야기를 해주신 구술자가 있었기 때문입니다. 오랜 시간 이야기를 나누며 함께 공감하기도 했지만, 그 아픔과 고통을 어떻게 가늠할 수 있을까 싶습니다. 더 큰 도움이 되지 못함을 안타까워하며, 이 구술증언록 100권의 발간이 피해자분들에게 조금이라도 위로가 될 수 있기를 기원합니다.

2019년 4월

4·16기억저장소 구술팀 책임자
서울대학교 인류학과 교수 이현정

차례

■ 1회차 ■

17
1. 시작 인사말

17
2. 구술 참여 동기와 최근 활동

21
3. 현재 직업 소개와 안산 정착 계기

23
4. 가족 소개와 4·16 이전의 일상

38
5. 자녀 교육관

44
6. 수학여행 준비와 사고 소식을 듣게 된 과정

61
7. 진도에서의 경험

■ 2회차 ■

79
1. 시작 인사말

79
2. 박근혜 대통령 탄핵에 대한 생각

91
3. 지난 유가족 활동 회고

103
4. 유가족 활동의 정치적 관계

110
5. 세월호 참사 유가족 활동의 특성

115
6. 유가족 활동 변화의 요인

120
7. 참사를 둘러싼 교육적 문제

■ 3회차 ■

131
1. 시작 인사말

131
2. 선체 인양 과정

137
3. 지난 유가족 활동 지속 요인과 참사 이후 직장생활 변화

142
4. 정부로부터의 감시 경험과 유가족 활동의 아쉬운 점

146
5. 기존의 인간관계 변화와 한국 정치에 대한 생각

150
6. 형제자매에게 세월호의 의미, 가족의 변화

154
7. 참사 이후 투쟁 과정에서 위안이 된 점과 힘든 점

156
8. 현재 건강 상태

160
9. 삶의 목표

건우 아빠 김정윤

구술자 김정윤은 단원고 2학년 5반 고 김건우의 아빠다. 5반에는 건우가 두 명 있었는데, 김정윤의 아들은 작은 건우라 불렸다. 어린 시절 건우는 집 안팎에서 귀여운 말썽꾸러기였지만, 청소년기에는 의젓하게 공부하고, 운동과 클럽 활동을 적극적으로 하는 건강한 소년이었다. 아빠는 참사로 쌍둥이 등대라 여기던 두 아들 중 하나를 잃었지만, 진실을 밝히는 것이 두 아들을 위한 보답이라고 생각하며 열심히 활동하고 있다.

김정윤의 구술 면담은 2017년 3월 3일, 17일, 29일, 3회에 걸쳐 총 5시간 20분 동안 진행되었다. 면담자는 이예성, 촬영자는 김솔이었다.

구술자 본인의 프라이버시나 제3자의 프라이버시를 보호해야 할 부분을 제외하고는 구술자의 발화를 있는 그대로 전사했다.

1회차

2017년 3월 3일

1 시작 인사말
2 구술 참여 동기와 최근 활동
3 현재 직업 소개와 안산 정착 계기
4 가족 소개와 4·16 이전의 일상
5 자녀 교육관
6 수학여행 준비와 사고 소식을 듣게 된 과정
7 진도에서의 경험

1
시작 인사말

면담자 　본 구술증언은 4·16 사건에 대한 참여자들의 경험과 기억을 기록으로 남김으로써 이후 진상 규명 및 역사 기술에 기여하고자 합니다. 지금부터 김정윤 씨의 증언을 시작하겠습니다. 오늘은 2017년 3월 3일이며, 장소는 안산시 단원구 세승빌라입니다. 면담자는 이예성이며, 촬영자는 김솔입니다.

2
구술 참여 동기와 최근 활동

면담자 　1차 구술에서는 참사 당일부터 진도에서의 경험, 아이에 대한 기억을 주로 여쭈려고 합니다. 먼저 아버님이 구술 사업에 참여하신 동기를 말씀해 주세요.

건우 아빠 　네. 구술증언이라는 것 자체는 참 생소한 저기인데요. 이런 건 생각도 못 하고 있는데, 건우 친구 재강이 엄마가 전화가 왔더라고요, 이 구술증언 좀 해달라고. 특별한 건 없으니까 그냥 있는 그대로만 해달라고 그래 가지고 알았다고 이야기를 해가지고 구술증언을 사업 자체에 이제 오게 되었는데요. 제가 이걸 증언을 해도 어떻게 저기 도움이 될지는 모르겠는데, 우리 아이들에 관한 기억하고 그다음에 이제 제가 겪었던 것, 그런 것은 사실에

입각해서 그… 제가 느낀 그대로 말씀드리고자 합니다.

면담자 　　오늘 하는 작업이 증언이니까 최대한 정확하고 자세히 말씀해 주시면 참사의 원인, 진상 규명이나 고통 같은 문제를 다음 세대에 전하고, 사회가 공유하는 데 도움이 될 거라고 생각합니다. 구술증언이 어떻게 사용되기 바라세요?

건우 아빠 　　저희 유가족이 어차피 구술증언은 앞으로 한국 사회에서 다시 이런 참사가 일어나지 않기 위해서는 거기에 이제 이거를 구체적으로 기여를 해서 제도나 법령, 그런 것을 계획하고 만들어서 다시는 이런 어린 학생들의 헛된 죽음이 되지 않길 바라는 마음으로 지금 저기를 하고 있거든요. 그러니까 다시 이런 참사가 일어나서는 안 되고, 만약에 이런 참사가 일어났다고 하더라도 우리 애들처럼 허망하게 저세상으로 가지 않도록 만드는 것이 저희들 최종 목표라고 할 수 있습니다.

면담자 　　2016년 말부터 광화문 풍경이 많이 바뀌었어요. 아버님이 최근에 하시는 활동에 대해 들어볼 수 있을까요?

건우 아빠 　　최근에는 제가 특별히 가족협의회에서 일을 하는 것은 없고요. 이제 토요일 날 되면 광화문 집회에 참여하고 있는데, 어차피 그 광화문 집회 자체는 여러 가지 복합적인 문제가 지금 걸려 있어서 시민들이 거기에 전부 다 참여를 하고 있지 않습니까? 국정 농단부터 시작해서 그다음에 세월호, 최종적으로 '[대통령의] 7시간'. 그런 게 이제 복합적으로 연결이 되어가지고 지금 이 나라의 수장인 대통령을 이제 내려오게끔 하고 있는데, 저희로서는 지금 거기에 동참하고 있는 거예요.

면담자 작년 국정 농단 사태가 생기기 전에는 광화문에 활동가들과 유가족분들만 계셨잖아요. 그러다가 지원군이 굉장히 늘었다고 할까요?

건우 아빠 그러니까 그게 최종적으로 이제 그 저희들하고 시민단체들하고 있다가 국정 농단이 터지면서 이 외교하고 국방이고 모든 그… 그게, 저희가 이제 저희 주권으로 해서 대통령을 뽑아냈는데, 대통령은 자기 나름대로의 주어진 책임과 의무에 관련돼 가지고 일을 해야 되는데, 본인이 그 일을 하지 않고 엄한 사람을 끌어들여 가지고, 그 사람이 대통령이 할 일을 자기가 뒤에서, 쉽게 말하면 대통령을 조종한 거죠. 대통령을 허수아비로 만들어놓고 자기가 조종을 하다 보니까 일이 커져버린 거죠. 그러니까 이제 시민들이 생각할 때는, 우리가 주권을 사용해서 뽑아놓은 대통령을 허수아비를 만들고 엄한 사람이 들어와서 그거를 완전히 농단을 하니까 '그거는 더 이상 용납을 못 하겠다' 해가지고 같이 이제 시민들이 자발적으로 참여를 하고 그러다 보니까 세월호 참사의 제일 핵심적인 7시간, 그게 가라앉았다가 다시 수면 위로 떠오르게 된 거죠. 그 7시간이 왜 중요한가 하면 실질적으로 대통령이 7시간 동안 잠을 자건 뭘 하건 우리는 그건 상관을 안 합니다. 7시간이 터졌을 때, 그 시간이 대통령이 보고를 받고, 제대로 지시를 했더라면 밑에 있는 사람들이 그 지시에 따라서 아이들 구조 활동을 해야 되는데 구조 활동을 못 했다는 이야기죠, 쉽게 말하면. 그러니까 배가 침몰할 동안 침몰하는 그 과정을 자기네들도 손 놓고 쳐다보고 있었다는 이야기죠. 그러니까 우리는 그 과정이 왜 그렇게 안 되었고, 그 과정을 대통령이 지시를 했으면… 밑에 있는 그 관할 부서들이 움직이지 않았다는 것 그 자체가 그러면 무엇 때문에 움직이지 않았나, 우리는 그거를 이제 정확히 알고 그거에 대한 해답을 찾기 위해서 지금 7시간을 자꾸 이야기를 하는 거예요.

면담자　　아버님, 간담회도 많이 참여하셨지요?

건우 아빠　　저는 원래 쉽게 말하면, 이 간담회는 아예 안 가요.

면담자　　아, 그러세요?

건우 아빠　　네.

면담자　　이런 표현이 맞는지 모르겠는데, 혹시 미국에 출장 가시지 않았나요?

건우 아빠　　그러니까 이제 작년, 재작년, 작년 2월 달에 그 뉴욕 저기 9·11 거기 간 이후로는, 그 안산시장님이 세미나에 참석하시는데 거기 9·11 테러에 대해 들을 일정이 있[었]어요. 그러다 보니까 유가족들하고 거기에 같이 가자고 해서, 그때 4반의 최성호 아빠하고 저하고 이제 같이 가게 되었고. 쉽게 말하면 작년 9월 달에는 제가 회사일로 미국 뉴욕에 갈 일이 있었어요. 그래서 그때 이제 간담회 형식으로 만났던 뉴욕 '세사모'[세월호를 잊지 않는 사람들의 모임] 분들하고 간 김에 다시 만나보고… 그리고 이제 제 출장 일정을 일 때문에 저길 한 거고 그렇게 된 겁니다. 뉴욕 '세사모' 분들도 참사가 어이가 없으니까 이제 그분들도 나름대로 지금까지 계속 활동을 해오시고, 뉴욕에서 되게 많이 활동하시면서 이런 일들, 그다음에 제도가 잘못된 것들, 그런 것도 많이 외국 분들한테 설명해 주고 계시더라고요.

3
현재 직업 소개와 안산 정착 계기

면담자 자연스럽게 알아가려면 지금 말씀해 주신 이야기부터 여쭤보는 게 맞을 텐데, 다른 구술과의 일관성을 위해서 조금 어색하지만 1차 구술에 필요한 내용을 여쭐게요. 아버님 지금 하시는 일, 직업에 대해 소개해 주세요.

건우 아빠 제가 지금 하고 있는 일은 건설 쪽에 있습니다. 쉽게 말하면 건설, 집 짓고 그다음에 임대하고 팔고 하는 그쪽에.

면담자 계속 그 일을 해오셨나요?

건우 아빠 네네.

면담자 안산에는 언제부터 사셨어요?

건우 아빠 안산에서 산 지는… 꽤 되었죠. 한 15년 정도.

면담자 안산에 15년 사셨으면 고향은 어디예요?

건우 아빠 고향은 원래 서울입니다. 근데 그때 안산으로 오게 된 동기가 제가 건설 쪽에 있다가 IMF 터지고 나서 한동안 쉬고 있다가 다시 이제 이쪽으로 오게 된 [거지요]. 이쪽 제조업체에 면접을 봐서 일을 하게 되다 보니까, 제가 상계동에서 시화까지 한 1년 동안 출퇴근하다 보니까 너무 경비가 많이 들어가더라고요. 집사람도 이제 안산에서 조그맣게 옷 가게를 하고 그러다 보니까 서로 시간이 너무 많이 뺏기니까, 그러면 이제 '안산으로 이사를 가자' 그래 가지고 상계동에서 안산으로 온 거죠. 그때서부터 계속 지금까지 안산하고 인연을 맺게 되었는데, 어떻게 보면 그때 당시에 제가 시화로 옮기지 않았으면 이런 사고가 없지 않나 그런 생각도 어떨 때는 들거든요.

면담자 힘들면 언제든 쉬었다가 하셔도 됩니다. 어머님은 안산에서 옷 가게를 하셨다고요?

건우 아빠 네네. 조그맣게 아동복, 그때 당시에 했었죠.

면담자 어머님이 원래 안산에 연고가 있었나요?

건우 아빠 아니요, 그때 하게 된 것도 뭐냐면, 집사람 친구가 안산에서 조그맣게 옷 가게를 하고 있었어요. 그러니까 이제 그거를 인수인계받은 거죠.

면담자 그럼 어머님이 옷 가게를 하시고, 아버님은 어머님 때문에 자연스럽게 안산과 인연이 된 셈이네요.

건우 아빠 네.

4
가족 소개와 4·16 이전의 일상

면담자 결혼은 언제 하셨어요?

건우 아빠 결혼은 1993년도 11월 달에 했죠.

면담자 건우가 형제가 어떻게 되나요?

건우 아빠 네, 위로 형이 하나 있어요. 지금 23살이고요. □□대학교, 올해 이제 2학년 복학을 하죠. 그전에는 집에서 다녔는데 이제 군대[를] 작년 11월 달에 제대하고 나서 서울로 하숙집 얻어가지고, 지금 거기서 이제 학교 다닌다고 그래 가지고, 얼마 전에 이쪽 집에 가봤는데, 친구하고 같이 하숙을 한다고 하더라고요. 그 친구는 걔가 1학년 1학기 때, 학교 기숙사 들어갈 때 몇 번씩 본 학생들이고 그러니까 크게 걱정할 일은 없겠더라고요.

면담자 전공이 뭐예요?

건우 아빠 아랍어과.

면담자 독특한 분야를 전공하네요. 4·16 이전에 평범하던 일상이 아득하게 느껴질 것 같아요.

건우 아빠 그러니까 4·16 참사 일어나기 전에는 이제 아들내미, 머시매만 둘이잖아요. 큰애는 성격 자체가 저를 닮아서 별로 말이 없어요. 걔는 그 대신 자기가 하고 싶은 거는 지가 이제 알아서 하고 움직이고 하니까, 큰애는 집사람도 걱정을 안 했고. 작은애 같은 경우는… 작은애가 어렸을 때부터 여동생을 자꾸 낳아달라고 그랬다거든요, 자기도.

면담자 건우가 여동생을 원했다고요?

건우 아빠 네, 네. 여자 동생을 어렸을 때부터 하나씩 만들어달라고 계속 그랬는데, 이제 중학교 1학년 때까지 그 이야기를 했어요. 그러다 보니까 걔가 엄마한테는… 어떤 엄마[아이]였냐면 이게 양면성을 다 띠어요. 아들 역할도 하고 여자애 역할도 하고. 학교에서 일어났었던 일, 그다음에 자기가 밖에 나가서 누구하고 놀았고 뭐 했고 이제 학원 갔다 오면 지 엄마하고 거실에 누워갖고 이제 그런 얘기 저런 얘기 다 해요, 둘이 드러누워 가지고 TV 보면서. 그 정도로 엄마한테 작은애가 역할이 상당히 컸죠. 그러면서 엄마하고 지 형하고도 여지껏 크게 싸운 적은 한 번도 없어요. 작은애 같은 경우는 형 자체를 자기가 생각하는 모범 케이스로 생각하고 그대로 밟고 따라 올라갔으니까. 그 정도로 지 형 좋아하고 지 형 친구들하고 같이 잘 어울리고, 그렇게 이제 생활을, 우리 집 자체는 그렇게 생활을 했죠. 큰애 친구들이 가끔 집에 와서 이야기

하다 보면 건우나 지나가는 거, 축구하는 거 보고 뭐 그런 이야기를 많이 하더라고요. 작은애 같은 경우는 지 친구, 형 친구들도 많이 알고 있는데, 모르는 형들도 있고 그러니까, 지나가다 보면 형[에게] 보살핌을 많이 받았다고 해야죠. 그 형 친구들이 주변에서 이렇게 안 보이게끔 많이 감싸주고 저기를 해준 것 같더라고요. 이야기 들어보니까.

면담자 건우가 형을 롤 모델로 삼았군요.

건우 아빠 네, 롤 모델로. 지 형 같은 경우는 중학교도 이제 공부를 잘하니까, 항상 시험 보고 오면 대충 성적 나오잖아요? 지가 시험을 못 보면 그날 하루 종일 지 엄마한테 짜증을 내요, 희한하게. 왜 그러냐고 물어보면 시험을 못 봤다고 그러더라고요. 시험을 잘 볼 수도 있고 못 볼 수도 있는데 그걸 가지고 엄마한테 왜 짜증을 내냐고 하니까, "아, 형은 시험을 너무 잘 보고 와서 짜증 난다"고(웃음). "야, 형은 그만큼 하잖아, 너도 그렇게 하면 되잖아" 그러니까 지 형한테도 그 공부에 대한 시샘은 많이 내더라고요. 지가 이제 꼭 이기고 싶은데 그걸 이기지를 못하니까. 가만히 보니까 시험 때 되면 스트레스를 무진장 받더라고요. 한번은 고등학교 올라가 가지고 그러더라고요. 학원 말고 과외 다니고 싶다고. 그래 가지고 집사람이 또 과외 이제 알아보고, 과외로. □□아파트의 이제 그때 저기 고대 나왔나 연세대 그 졸업한, 거기에 과외를 알아봐 가지고 넣어준 모양이더라고요. 거기 갔다가 처음에 이제 1학년 때니까 중간고사 딱 봤는데 애가 신이 난 거예요. "왜?" 그랬더니 학교에서 2등 했다고 그러더라고요, 수학을. 자기가 한 개 반 틀리고, 1등 한 애가 한 개 틀렸다고 그러더라고요. 그러면서 학원 선생님이 하는 이야기가 전체적으로 봤을 때 수학은 어느 정도 올랐고, 영어만 조금 이제 옆에서 보충을 해주면 걔가 원하는 학교에 갈 수 있다고 하더라고요. 그러니까 작은놈은 신이 나서 열심히 이제 공부를 하더라고요. 그렇게까지 이제 집사람이 많이 신경 쓰고 해줬는데… 결론은 이제 그 녀석이 원하는 그게 지금, 거기까지 아마 거기까지… 아마 거기까지인 것 같아요, 그 녀석 삶은.

면담자 어머님은 가게 일을 계속하셨나요?

건우 아빠 그때까지는 계속 일을 하고 있었죠.

면담자 그럼 평소에 학교 갔다 오면 어머님이 계시지 않았죠?

건우 아빠 그때 일을 하고 있었으니까 걔가 이제 학교 수업이 딱 끝나면, 4시면 지 엄마한테 전화를 해요, 엄마 어디 있냐고. 그러면 이제 지가 저녁때 되면 항상 먹고 싶은 거를 이야기를 하거든요. 왜냐면 밥을 먹고, 저녁을 먹고 학교[학원]에 갈 시간이 되니까 그러면 애 엄마가 집에 와서 걔가 먹고 싶다는 거 만들어놓고, 그러면 와서 밥 먹고 학원 가고 항상 그랬거든요. 그러니까 4시 정도 되면 집사람 전화에 항상 작은애 전화가 오는 거죠.

면담자 아버님은 보통 몇 시쯤 퇴근하셨어요?

건우 아빠 저야 뭐 그때 퇴근 시간이 일정하지 않으니까요. 일찍 들어갈 때는 일찍 들어가고 늦게 들어갈 때는 늦게 들어가고 그러니까요, 항상.

면담자 주말에는 가족이 함께 보냈나요?

건우 아빠 그전에 초등학교 때까지는 같이 저기 하고 했는데, 중학교 딱 올라가고부터는 큰애든 작은애든 자기 친구들하고 그러다 보니까. 뭐 어떨 때는 토요일 날 집에서 쉬고 있을 때는 걔 아침 7시에 나가면 저녁에 학원 갔다 오면 9시나 10시쯤에 이렇게 들어오거든요. 그니까 아침 7시에 나가면 계속 축구하는 거예요, 하루 종일 운동장에서 친구들하고.

면담자 건우가 축구를 좋아했나요?

건우 아빠 네. 일요일 날도 마찬가지고요. 그렇게 나가가지고 축구하고 들어오니까. 그러니까 토요일 날, 일요일 날, 방학 때 같은 경우는 학원 안 가면 거의 운동장에서 살아요.

면담자 친구들이랑 시간을 많이 보낸 모양이에요.

건우 아빠 네.

면담자 어머님, 아버님은 주말을 어떻게 보내셨어요?

건우 아빠 집사람도 이제 토요일에 일 나가고 그러니까 집에 토요일 날, 일요일 날은 주로 혼자 있을 때 있고.

면담자 아버님이 조금 쉬시는 때였나 봐요.

건우 아빠 네.

면담자 가족이 여행이나 외식은 많이 하는 편이었나요?

건우 아빠 그러니까 이제 참사 이전에는 일요일 날 같은 경우는 미리 물어보죠, 애들한테 뭐 먹고 싶냐고. 뭐 먹고 싶다고 그러면 주로 밖에 나가서 먹을 때도 있고, 집에서 두 아이들 먹고 싶은 거 사다가 만들어 먹고, 주로 그렇게 하죠. 여행은 초등학교 때, 애들 중학교 될 때까지는 많이 다녔죠. 방학 때 이용해서 다니고, 그렇게 다녔는데, 작은애 같은 경우는 태어나면서부터 할머니가 키웠거든요. 계속 할머니가 안고 키우다 보니까, 서울에서 살 때는 지가 대장이에요, 무조건. 왜 모든 걸 지가 잘못해도, 형한테 덤벼도 전부 다 할머니가 커버해 주니까. 그니까 지 위에는 아무도 없는 거죠, 할머니 외에는. 그때 서울에서 작은애 때문에 쪼금 집사람이 스트레스받았죠, 왜냐면 작은놈이 이제 지 형한테 막 덤비고 기어오르고 그러니까. 그거 보고 있다가 뭐라고 그러면 이제 할머니가 작은애 감싼다고 저기 하고 그러니까 좀 스트레스받고. 게다가 안산으로 딱 이사 오면서 작은애가 성격이 많이 변했어요. 이제 자기를 보호해 줄 사람이 없는 걸 안 거죠. 지 형하고 저기 하고 그러면서 형을 그때부터 많이 따랐으니까. 전에도 따르기는 많이 따랐는데, 할머니가 있다 보니까.

면담자 급이 다르다고 생각했을 것 같아요.

건우 아빠 네.

면담자 친할머니시죠?

건우 아빠 네.

면담자 그럼 안산에 오시고도 할머니 댁에 자주 가셨나요?

건우 아빠 네. 이제 어렸을 때는 일 있을 때, 할머니 할아버지 생신 뭐 그럴 때 많이 가고 그랬죠, 뭐.

면담자 건우 외가는 어디인가요?

건우 아빠 저기 충북 진천이에요. 그니까 거기도 장모님 같은 경우는 일찍 돌아가셨죠, 몸이 이제 편찮으셔 가지고…. 이제 장인어른도 돌아가신 지 한 3년 정도 되셨고, 4년? 걔[건우] 중학교 때니까 5년 정도 되었구나, 장인어른 돌아가신 지가.

면담자 평범한 일상이 궁금해서 계속 여쭤보고 있어요. 지금 여러 일화를 이야기해 주셨는데, 그래도 건우 하면 생각나는 일화가 있을까요? 어릴 때 어땠다거나.

건우 아빠 어릴 때 얼마나 말썽을 많이 피웠으면, 집 앞에 중계 3동 어린이집이 있어요. 집사람이 안산으로 출근을 하고, 나도 가고 하면 할머니가 유치원부터 시작해서 다 보내주거든요. 이제 유치원 가가지고 이 녀석이 말썽을 피면, 자기를 놀리면 가서 애들 혼내키고…. 그런데 어느 날은 여자애하고 이렇게 약간 실랑이를 하다가 이 녀석이 여자애 젖꼭지를 물어버린 거예요(웃음). 그래 가지고 그때 할머니가 또 쫓아가 가지고 약 사다 바르고, 뭐 죄송하다고 사과도 했다고 그 이야기가 있더라고요. 유치원 가보면, 어린이집 가면 선생님이 하시는 말씀이 그러더라고요. 어질러진 것 뭐 있으면 지가 애들 데리고 가서 다 이렇게 정리하고 한다고. 근데 가끔 이제 그런 말썽을 피우는 모양이더라고요. 자기한테 뭐라고 그러면 가서 저기 하고… 놀기도 애들하고 같이 잘 놀고 그러는데, 가끔 이제 그런 게 있는 모양이더라고요.

면담자 조용하고 평범한 스타일은 아니었나 봐요.

건우 아빠 네네. 그니까 원래(웃음) 이제 그 녀석이 자체가, 애들이 걷기 시작하면 천천히 이렇게 걷잖아요? 근데 할머니 말로는 애가 걷는 법이 없다고 그러더라고요.

면담자 뛰기만 한다는 말씀이에요?

건우 아빠 네, 계속 뛰어간대요. 뛰어다니니까 할머니가 못 쫓아가니까, 뭐 어떻게 할 수가 없대요. 그래서 손을 꽉 잡고 있으니까, 한눈만 잠깐 팔면 벌써 애는 저만큼 뛰어다니니까, 걔 잡으러 다니려면 힘든 거죠. 그리고 걔는 어렸을 때는 이렇게 전철 같은 거 타고 가는 거를 되게 갑갑해하니까, 할머니가 걔를 데리고 가면 전철을 타고 가잖아요. 그럼 전철을 타고 가다가 몇 번을 내려야 된다고 그러더라고요. 이렇게 공간에 갇혀 있는 거를 되게 싫어했던 것 같아요. 그러면 또 내려서 이제 달래가지고, 가다가 또 내리고 또 타고(웃음). 그런 이야기도 이제 하시더라고요.

면담자 고등학생 때나 조금 크고 나서 일화는 생각나시는 거 없어요?

건우 아빠 중학교 들어가서도 우리가 몰랐던 내용이 뭐냐면, 집사람이 학교 가니까 선생님이 이런 이야기를 하시더래요. 문제아들 있잖아요? 얘가 그 문제아들 상담을 전부 다 지가 다 받는대요. 상담을 해주고 그러면, 그런[상담해 준다는] 이야기를 학교 선생님이 하시더라니까. 원래 그거는 선생님이 해야 되는 걸(웃음) 자기가 친구들 그 문제점 있는 거 고민 다 들어주고 지가 해결해 주고, 그렇게 학교생활 한다고 그러니까 집사람도 놀란 거죠. 왜냐면 걔가 내성적이고 겁이 많거든요. 근데 학교에서는 그런 이야기를 하고 저기를 한다고 하니까 집사람도 놀랐고. 또 한 가지 일화는 뭐냐면, 그 원일중학교에서 지 친구들하고, 쉽게 말하면 걔가 워낙 초등학교 때부터 축구를 좋아하다 보니까 뜻이 맞는 애들 4, 5명이 그 미니 클럽 있잖아요? 축구장 반만 놓고서 이제 축구하는 거. 그거를 자기네들끼리 만든 거예요. 이제 그거 붐이 일어나다 보니까, 안산에 있는 중학교에 전부 축구 붐이 일어난 거예요. 그래서 얘가 친구들하고 계속 축구 시합을 하고 그렇게 다니는데, 어느 날 이제 내가 물어봤어요, 집에 있을 때. 점심은 먹었냐니까 먹었대요. 누구하고 먹었냐니까 운동장에서 선생님들하고 축구하고 지네가 이겨서 선생님들이 짜장면 사줬다고(웃음). 이제 자기네들이 축구하다 보면 선생님이 있거나 일반인들이 축구하잖아요. 같이 시합을 해가지고 자기네들이 이기면 점심을 얻어먹는 거예요(웃음).

면담자 수완이 좋네요.

건우 아빠 자기네들끼리 나름대로 활동을 하면서 그렇게 보낸 거죠. 아이들이 이제 사춘기가 오잖아요. 근데 큰애도 그렇고 작은 애도 그렇고 사춘기라는 것 자체를, 얘네들이 왔는지 안 왔는지 모를 정도로 넘어갔어요. 큰애는 자기 나름대로 학교생활과 클럽을 이용해서 많이 활동하면서 그걸 키운 것 같고, 작은애는 축구하면서 자기의 그런 룰을 통하고, 그다음에 친구들하고 협동심 그런 거를 발휘하면서 거기에 이제 모든 것을 쏟다 보니까 사춘기가 왔어도 나름대로 활동을 하면서 같이 녹여낸 것 같아요. 주위에 친구들 보면 사춘기가 와서 그렇게 엄마, 아빠 힘들게 하는데, 얘네들은 그런 게 없었어요. 그냥 무난히 넘어간 거죠. 우리도 이제 얘네가 사춘기가 올 때가 되었는데 그런 생각을 하면서도 가만히 보면 자기네들도 무관심하게 그냥 넘어간 거고… 왔는지 안 왔는지 모를 정도로 남들이 봤을 때는 쉽게 넘어간 거죠. 작은애 같은 경우에는 그 축구 활동을 하면서 자기가 생각이 많이 큰 거죠. 친구들하고 축구하면서 축구 룰에 의하며, 거기에 이제 모든 게 하나씩 하나씩 자기도 배워가고, 그다음에 협동심도 키우고, 친구들하고 유대 관계도 키우고, 학교생활도 거기에 자동적으로 녹아든 거죠.

면담자 사춘기가 올 때가 되었는데 그런 게 없었다는 말씀은 큰 변화를 보이지 않았다는 뜻이죠?

건우 아빠 그렇죠. 제일 먼저 아이들 성격이 큰 변화가 오잖아요, 사춘기가 오면. 누구하고 대화하는 것도 되게 싫어하고, 자기만의 생활 패턴이 있잖아요. 우리도 그렇게 커왔지만, 그런 게 없어요. 일단 집에 들어오면 똑같이 형하고 저기 하고 생활하고, 또 밖에 나가서 친구들하고 같이 축구하고 어울리고, 집에 와서 짜증부리는 것도 없고. 보통 사춘기가 짜증을 제일 많이 내고 그다음에 성격 변화가 오잖아요. 얘네들은 그런 게 없어요. 그냥 평소 그대로 똑같이 해요. 그렇게 넘어가니까 집사람도 그렇고 나도 '얘네들 사춘기가 올 때가 되었는데' 그런 생각을 해가지고 그 기간 동안은 상당히 신경을 많이 쓰고 있었는데, 큰애가 그렇게 조용히 넘어갔고 작은애도 크게 저기 한 건 없더라고요. 변화 하나 있는 건 뭐냐면, 중학교 2학년이나 되었나? 이제 목욕탕을 가자고 했는데 목욕탕을 안 가. 그거 하나는 딱 있더라고요.

면담자　　전에는 아버님이랑 같이 갔는데요?

건우 아빠　　네. 그 전에는 같이 다녔는데 이제 자기들 신체 변화가 생겨버리니까. 큰애가 그랬거든요. 작은놈도 똑같이 안 가려고 그러더라고요.

면담자　　거부하던 때가 생각이 나시나 봐요.

건우 아빠　　네. "어, 너네 왜 안 가?" 그랬더니 그냥 집에서 하면 된대요. 그런 식으로 얼렁뚱땅 넘어가더라고요.

면담자　　원래 같이 다니셨어요?

건우 아빠 목욕탕은 이제 둘 다 데리고 다녔으니까, 그 전까지는. 그러니까 나름대로 그때 '이 녀석들도 많이 컸네' 그런 생각이 들더라고요.

면담자 형이 먼저 안 간다고 한 다음에도 건우랑은 같이 다니셨어요?

건우 아빠 형이 안 가니까 자기도 이제 슬슬. 네, 슬슬, 빼죠.

면담자 건우는 축구를 좋아하고, 형은 동아리 활동했다고 하셨잖아요. 취미 활동이 사춘기를 잘 보내는 방법인 것 같아요.

건우 아빠 네. 큰애 같은 경우는 뭐냐면, 집에 와서 자기가 뭐 동아리 활동한다는 이야기도 없고 걔도 운동을 좋아하기는 해요. 이제 지 나름 학교에서 운동도 하고…. 근데 중학교 2학년 때인가 동아리 방송반을 들어가 가지고 방송 활동을 하는데, 얘기를 안 하니까 집사람이 학교 가가지고 선생님한테 방송반에서 열심히 활동하고 있다고 듣고 '그런가 보다' 하고 그랬죠. 그런데 3학년 때 얘가 UCC에서 동영상을 친구들하고 만들어가지고 국무총리상을 탄 거예요.

면담자 무슨 상이요?

건우 아빠 국무총리상을, 네. 보통 그런 상을 타면 집에 와가지고 엄마한테 신나게 떠들고 이야기하고 할 거잖아요. 그런데 집사람은 큰애한테 듣는 게 아니라 집사람 친구들한테 들은 거예요. 이제 그게 제일 서운한 거지. 남들은 와서 자기 아들 자랑하고, 막 엄마한테 뭐 만들어서 상 탔다고 그러는데 그 얘기를 안 하니까. 나중에 그 얘기를 하니까 물어봤어요. "그거 친구들하고 만들어서 국무총리상 탔어" 그게 끝이야. 그냥 그러고 넘어가. 그리고 지나가다 보니까 학교에 플래카드가 붙어 있더라고. 큰애 이름 있고, UCC 저기 대회에서 국무총리상 받았다고 써놔서 그걸 봤어요. 이제 그런 거 보고, 큰애 같은 경우는 친구들이 지 엄마한테 얘기하니까 집사람한테도 들어가고. 걔는 그런 식으로 지 하고 싶은 거 알아서 꼭 다 하거든요. 3학년 때 같은 경우에는 큰애는 총학생회 임원으로 해가지고 지가 활동하고, 고등학교 때도 마찬가지로 방송반 가가지고 이제 활동하고 싶은 거 하고, 대학교 들어가서도 1학년 때 동아리에서 춤 비슷하게 하는 데 들어가 가지고.

면담자　　춤이요?

건우 아빠　　춤, 그 학교 행사하고 그러면 뭐라고 하지? 갑자기 생각이 안 나는데….

면담자　　응원단 같은 거요?

건우 아빠　　네, 응원단 거기에 이제 들어가 있는 거요. 지가 하고 싶은 건 다 해요. 큰애는 그렇게 해요.

면담자　　다양한 걸 하나 보네요.

건우 아빠　　네. 그렇게 하고 고모가 이제 애들을 많이 여행을 데리고 다니거든요, 해외여행 같은 경우는. 큰애가 이제 3학년이니까 대학교 가기 위한 공부를 해야 하니까, 여름방학 때는 작은애만 데리고 동남아 여행 갔을 때 애가 내성적이다 보니까 자기 혼자 있으면 외국 사람하고 영어로 대화하는 걸 안 하려고 해, 쑥스럽고 그러니까. 지 형 있으면 그래도 지 형이 뭐 되든 안 되든 얘기를 하면 지도 옆에서 따라 하고 뭐 그러는데. 그니까 지 혼자 동남아시아를 가니까 거기 휴양지를 간 모양이더라고요. 거기에는 휴양지 보니까 잔디에 깔려 있는 데서 애들 축구하고 이쪽에서는 농구하고 배구하고 그런 거를 휴양지에서 보더니만, 자기는 원래 어렸을 때부터 꿈이 체육 교사니까, 거기서도 완전히 [재미] 붙인 거죠, 거기 보고. 그래서 지 고모한테 그랬다고 하더라고요. 이제 대학교 가서 나도 저런 데서 알바 하고 싶다고.

면담자 고모님이 아버님 동생인가요?

건우 아빠 막냇동생이에요. 네, 아직 결혼은 안 했는데. 그러고 나서 큰애하고 작은애 데리고 영국도 갔다 오고. 영국 간 김에 작은놈이 축구를 좋아하니까 그러면 이제 대표적인 영국 스타들이 있는데 겨울에 가니까 거기에 시즌이 아니다 보니까 축구 역사 보고, 둘이서 축구복[유니폼] 하나씩 사가지고 왔더라고요.

면담자 어머님, 아버님은 같이 안 가셨어요?

건우 아빠 네.

면담자 주로 고모님이 동행하셨나 봐요.

건우 아빠 네.

면담자 왜 그러셨어요?

건우 아빠 작은애는 6년 동안 할머니가 키웠잖아요. 작은애 같은 경우는 둘이 이제 싸움도 많이 하고 미운 정 고운 정 다 들었고, 큰애 같은 경우는 우리 집에서 내가 장남이다 보니까 둘한테 정이 상당히 많이 든 거죠. 미운 정이나 고운 정이나 상당히 많이 들었고, 그러다 보니까 둘째, 제 동생도 밑에 바로 둘째가 있는데 걔들은 지네 고모들한테 그렇게 살갑게 대하는 건 없어요. 근데 [저희] 큰애나 작은애 같은 경우는 할머니 집 가면은 싸우든 뭐하든 간에 고모하고 막 부딪치고 저기 하는데, 내 동생은[동생네] 조카들 보면 그런 게 없어요. 딱 오면 그냥 자기 아빠한테만 있고. 그니까 우리 애들하고 내 동생 조카들하고 완전히 비교가 되는 거죠. 얘네들은 오면 찾아도 우리 애들만 찾아. 왜냐면 내 동생 같은 경우는 가자고 그러면 둘 다 쪼르륵 따라가고, 같이 가서 뭐 사오고 구경 가고 밤에 영화 구경 가자고 하면 둘이 따라가고. 얘네들[다른 조카들]한테 가자고 그러면 이제 반응이 없으니까. 그러다 보니까 우리 큰애, 작은애 같은 경우는 이제 고모가 많이 이뻐해 줬죠.

면담자 아버님 형제가 어떻게 돼요?

건우 아빠 2남 1녀요.

면담자 남동생 하나 있고, 여동생은 아직 결혼은 안 했고요?

건우 아빠 네.

면담자 젊은 고모라서 아이들이 더 좋아했나 봐요.

건우 아빠 결혼해서 자기 나름대로의 가정을 꾸리고 있으면 우리 애들한테 그렇게 못 해주죠. 근데 이제 결혼을 안 하고 자기 가정이 없다 보니까 우리 애들한테 많이 신경을 쓴 거죠.

5
자녀 교육관

면담자 아버님, 교육관이나 양육관이 있으면 들려주세요.

건우 아빠 아니요, 집사람이랑 나랑은 그런 건 없었어요. 그러니까 애들한테 둘 똑같애요. 큰애나 작은애한테 공부해라 그런 이야기는 한 적이 없어요. 쉽게 말하면 큰애한테 딱 저기 한 것도 아닌데, 큰애 같은 경우는 TV를 보고 있으면 "너 언제까지 볼래?" 그러면 지가 언제까지 본다고 해요. 그 시간 딱 되면 지가 알아서 자기 방 들어가서 공부하고. 지가 게임 하다가도 "몇 시까지 게임할래?" 그러면 몇 시까지 한다고 하고 알아서 들어가 공부하고 그랬거든요. 작은애도 마찬가지니까 집사람이 애들한테 공부해라 그런 이야기는… [할 필요가 없었어요]. 자기네들 나름대로 활동을 하면서 작은애 같은 경우는 아까도 얘기했듯이 큰애가 롤 모델이잖아요? 큰애가 한 건 보고 그대로 따라가니까. 작은애 같은 경우도 지가 밖에서 놀다가 5시에 학원 가야 된다면 지가 알아서 학원 가요, 그냥 놀다가도. 다른 애 같은 경우는 보면 학원에서 집으로 전화 오고 애들 안 왔다는데, 걔는 그런 게 없어요. 지가 해야 된다고 하면 무조건 가요. 놀다가도 그냥 가요, 가서 자기 할 것 하고 이제 노니까. 그리고 정 지가 그날 뭔 일 있고 어떻게 하고 싶으면 그날 저녁에 와서 엄마한테 얘기를 해요. 엄마한테 허락을 받고, 엄마가 안 된다고 그러면 그거는 안 하는 거고.

면담자 특별히 엄격하시지는 않았나요?

건우 아빠 네네. 그냥 걔네들 이제 알아서 하라고 풀어놓은 거죠. 내가 자랄 때는 뭐라고 할까, 아버지 밑에서 완전히 잡힌 그 [생활]하다 보니까 우리 애들한테는 그렇게 하고 싶지 않더라고요. 아버지 일정대로, 시키는 대로 움직이다 보니까 나 같은 경우는 그렇게 움직였거든요. 그렇게 되니까 자라나는데 아이들 생각하는 자체가 딱 묶여 있더라고요. 나는 그런 게 싫으니까 애들한테 딱 틀을 만들어주지는 않았어요. 그냥 알아서 하고 싶은 대로 하고 문제가 생기면 엄마하고 이야기해서 둘이 절충점을 찾아가지고 하라고 그렇게 이야기하거든요. 큰애 같은 경우는 그렇게 하고, 작은애도 지가 저기 한 게 있으면 엄마한테 이야기하고. 그런 식으로 얘기를 많이 한 거죠.

면담자 아버님, 이웃이랑 가까이 지내셨나요? 어릴 때 친구나 직장 동료와의 관계는 어땠어요? 아버님의 가까운 사람들은 어떤 분들이었나요?

건우 아빠 저 같은 경우는 안산으로 생활 무대를 옮겼어도 아는 사람이 아무도 없어요. 집사람은 제가 아까도 말씀드렸듯이 아동복을 하다 보니까 또래 엄마들을 상당히 많이 알아요. 그러다 보니까 어쩔 때는 이제 저녁때 모여서 같이 술 한잔하고 그쪽으로 저기를 하는 거지. 내 친구들하고는 거의 어울리지 못해요.

면담자 안산에 거주하는 부부 동반 모임이라는 말씀인가요?

건우 아빠 네.

면담자 서울에 사는 아버님 친구분들 모임에는 자주 안 가시고요?

건우 아빠 거의 없어요. 그 전에는 계속 건설 회사에 있다 보니까 현장으로 많이 나가서 친구들하고 만나는 시간이 거의 없었죠. 그러다가 안산으로 오니까 더 없는 거고.

면담자 취미생활도 안 하시고요?

건우 아빠 취미 같은 거는 없어요, 전.

면담자 그러면 여가를 보통 댁에서 보내시는 편인가요?

건우 아빠 네, 집에 들어가면 거의 안 나가니까. 애들 데리고 목욕탕을 가도, 뭐 어딜 가잖아요? 작은애 데리고 가면 누가 지나가면서 인사를 해요. 그러면 우리 작은애한테 물어봐요, 누구냐고. 엄마 친구, 엄마 아는 이모라고 그러면서 애들 데리고 목욕탕을 가도 이제 집에 들어가면 벌써 집사람한테 전화가 간 거예요, 애들 데리고 어디 간다고, 나는 모르는데. 보통 집사람 그런 게 싫으니까 집에 들어가면 거의 안 나가요.

면담자 　　아버님은 외향적인 성격이 아닌가 봐요.

건우 아빠 　　아니요. 작은애가, 쉽게 말하면 저도 내성적이거든요. 큰애는 이제 거의 외향적인 그쪽 성격이 강하고, 작은애는 완전히 내성적인 성격이 강해요. 그러니까 외향적인 거는 집사람 닮았고 큰애가, 작은애는 거의 나를 닮았죠, 성격하고 뭐 저기 한 거는. 근데 작은애는 아까도 말했듯이 이면성을 갖고 있는 거죠. 밖에 나가서는 남자애, 활동하고 집에 오면 그대로 이제 여자애들 하는 식으로 똑같이 지 엄마한테 하고 그러니까. 그러면서 여동생 하나 낳아달라고 지 엄마한테 그렇게 졸라댔으니까. 애들이 좋다고 그러더라고요, 걔는. 그래 가지고 항상 어디 가면 친척, 처갓집을 가도 자기 밑에 있는 동생은 걔가 다 돌봐요, 데리고 놀아. 물어보면 그냥 좋대요. 자기는 이제 학교생활 하다 보니까 여자애들이 노는 거 보고 막 그러니까 그냥 여동생 있는 게 좋다고 이야기를 하더라고요. 여동생 낳아달라고 한참 저기 한 적도 있고.

면담자 　　남동생도 아니고 여동생이 있었으면 좋겠다고요.

건우 아빠 네, 딱 집어가지고.

면담자 구체적으로 원하는 게 있다는 게 재미있어요.

건우 아빠 집사람 사촌 여동생 집에 가면 자기 고모네 집 가면 얘 사촌 여동생들 있잖아요. 걔네들 다 데리고 놀아요. 나중에 보면 "왜 건우 오빠 안 왔어?" 그러면[그리고] "나는 건우 오빠하고 결혼할 건데"(웃음). "걔네들이 어렸을 때 그러거든요. 다 데리고 놀고 막 저기 하고 하니까.

면담자 좋네요.

건우 아빠 네.

면담자 아버님, 뉴스나 신문을 많이 보시는 편이었나요?

건우 아빠 주로 인터넷 뉴스를 많이 봤죠.

면담자 정치에는 관심이 있는 편이었어요?

건우 아빠 아니요, 정치에는 별 관심이 없었어요. 왜냐면 똑같은 사람이 똑같은 얘기가 반복되고 그러니까 볼 생각도 안 했어요. 그렇다고 뭐 획기적으로 정치가 이렇게 바뀐 것도 아니고 맨날 똑같은 사람이 나와서 헐뜯고 싸우는 거 보니까 그런 거는 아예 볼 생각도 안 했는데.

면담자 어떻게 보면 정치에 대한 회의감이 있으셨던 건데요.

건우 아빠 네.

면담자 언제부터 회의감이 들었어요?

건우 아빠 그게 상당히 오래되었죠, 제가 뭐 아마 전두환이 저기 했을 거예요. 전두환이 있을 때는 그나마 경제는 활발하게 잘 돌아갔잖아요? 그니까 전두환이, 노태우 이럴 때. 노태우 거의 집권 말기부터 해가지고 김영삼이가 대통령 되면서 그때부터 이제 저기 한 것 같애요, 제가 볼 때는.

면담자 투표는 하시는 편이었나요?

건우 아빠 아니요, 거의 안 해요.

면담자 투표도 안 하시는 편이라고요?

건우 아빠 네. 같은 놈들인데요, 뭐.

면담자 투표를 안 하신 것도 계기가 있었어요?

건우 아빠 내가 한 사람은 노무현이하고 김대중 씨. 그 두 사람만 하고 나머지는 안 했어요.

면담자 투표를 의도적으로 안 하시는 거죠?

건우 아빠 네.

면담자 어머님은 학부모 모임에 안 나가셨나요?

건우 아빠 집사람도 뭐 학교운영위원회 같은 데 나서가지고 하는 사람이 아니거든요. 아이들 교육에 관심이 있으니까 학교에서 학부모들 모이라고 그러면 가고 학교에서 뭐 해달라고 하면 해주는데, 학교운영위원회에는 아예 안 들어가요. 담임선생님이 들어오라고 그래도 자기는 안 들어가니까. 그 대신 개인적으로 학교에서 전화 오고 선생님이 뭐 좀 부탁하면 들어주고 그렇게 하니까.

면담자 종교는 없어요?

건우 아빠 네, 종교도.

면담자 어머님도 종교가 없고요?

건우 아빠 네.

6
수학여행 준비와 사고 소식을 듣게 된 과정

면담자 지금부터 수학여행 가기 직전에 준비한 과정부터 사고 소식을 듣고 진도에 내려가셔서 건우를 만나기까지 상황을 여쭤보려고 해요. 수학여행에 대해 미리 알고 계셨는지요? 같이 준비하신 게 있나요?

건우 아빠 수학여행 설문지 가져온 거는 집사람이 전부 체크를 해준 거고. 그때 언뜻 듣기로는 배를 타고 간다는 거예요. 그래서 "왜 배를 타고 가냐? 비행기 타고 갔다가 비행기가 타고 오는 게 더 편하잖아"라고 그랬더니, 원래는 그렇게 하려고 했다가 설문 조사지에서 이야기가 나온 게 인천에서 배를 타고 가면 밤에 불꽃놀이도 하고 재밌을 거라고, 막 학교에서 그렇게 홍보를 한 모양이더라고요. 그래서 갈 때는 배 타고 올 때는 비행기 타고 올라오는 걸로 결정이 난 모양이더라고요. "야, 그래도 비행기가 나은데" 난 분명히 그렇게 얘기를 했거든요, 배보다 비행기가 낫다고. "비행기는 40분 만에 갔다가 40분 만에 오는데, 니네는 그 전날 타고 가고 아침에 도착하면 피곤하지 않냐?" [하고 물어서] 그런 이야기를 한 적이 있고요. 그러고 나서 가기 전날, 집사람이 늦게 들어오니까 같이 짐을 챙겼어요. 옷하고 "뭐 가지고 갈래?" 챙겨주고. 뭐 대충 자기가 바지 같은 것도 챙기고 아침에 지 엄마가 몇 가지 더 챙겨준 걸로 알고 있거든요. 그러고 나서 학교 데려다주는데 "아빠, 잠깐 저기 □□아파트 들르자"고, "왜?" 그러니까 친구한테 가방 하나 빌리기로 했다고 그러더라고요. 어깨에 메는 백, 이렇게 네모나게, 아까 작가님 갖고 오신 그 백 있잖아요?

면담자 이렇게 옆으로 메는 거요?

건우 아빠 네. 그걸 이제 하나 빌리기로 했다고 하더라고요. 가서 그거 빌리고 그러고 나서 학교 앞에다가 데려다주고, 잘 갔다 오라고. 그게 아침에 다죠, 인사하고. 그리고 저녁때는 집사람한테 사무실에 있는데 전화 왔더라고요. 애들 아직 못 갔다고. "왜?" 그랬더니 안개가 껴서 아직 못 가고 있다고 전화 왔었다고. 집사람이 그랬다고 하더라고요, 아빠 회사에 있으니까 만약 못 가게 되면 전화하라고. 회사에서 거기 인천까지는 15분이면 가거든요. 작은애한테 그렇게 이야기를 했다고 하더라고요. 9시 좀 안 돼가지고 제주도 간다고 전화 왔었다고 그러더라고. 그래서 그날 저녁에 출항을 한 거고. 그다음에 제가 새벽에 현장에 갈 일이 있었거든요. 현장에 내려가 가지고 8시 반인가 아마 전화한 것 같은데, 집에. 그때 이제 9시에, 그날 저녁에 출발했다고 했으니까 아침에 전화해 가지고 작은애 건우하고 통화했냐고 하니까 통화했다고 그러더라고요. 그래 가지고 나는 이제 작은애하고 통화했으니까 당연히 제주도에 도착해 가지고 통화한 줄 알고 생각을 한 거고.

그리고 한 10분 있다가 친구한테 전화가 오더라고요. "왜?" 그랬더니 인터넷 봤냐고 물어보더라고. "나 지금 현장에 있는데 인마, 아침부터 무슨 인터넷을 보냐?" 그랬더니 "작은애 혹시 수학여행 안 갔냐?"고 물어보더라고요. "어제 저녁에 갔는데, 왜?" 그랬더니 "야, 그놈은 혹시 단원고 다니지 않냐?" [그래서] "맞는데" 그랬더니 "야, 지금 제주도 가는 배 침몰하고 있는 중[이야]"라고 그러더만. 그 얘기를 딱 던져놓은 거예요, 아침부터. 그래 가지고 "장난하냐, 지금" 내가 웃으면서 그랬더니 아니래. "저기 단원고 애들 탄 배가" [하길래] "야, 아침에 통화했는데 뭔 소리 하고 있어? 일단 알았으니까 끊어" 하고 인터넷 기사를 봤는데, 그 메인 화면에는 이렇게 떴더라고요, 제주도 가는 여객선 침몰 중이라고 대제목이[헤드라인이] 떴더라고요. 나는 아침이니까 그 전날 떠난 배라고 생각을 못 한 거죠. 그래 가지고서 밑에를 보고 있는데, 이제 단원고, 학교가 나오더라고요. 아차 싶어서 쭉 보니까 그렇게 된 거더라고요. 그래서 집에 전화하니까 안 받더라고요. 마침 큰애가 있어가지고 받더니 지금 엄마 뉴스 보고 있는데 난리, 막 저기라고, 울고 있다고. 그래 가지고 현장에서 바로 안산으로 이제 올라갔죠. 안산 올라가면서 그 속도계를 보니까 거의 한 180에서 200 놓고 지금 달려 올라가고 있는데… 그러면서 계속 뉴스에서는 나오는데… 그니까 뉴스에서도 계속 나오는, 구조하는 자체가 쫌 처음에 썩 명쾌하게 나오는 게 아니라 뭐라고 그럴까, 그니까 방송 자체가 나오는 게 대대적으로 이렇게 구조대원들이 확 들어가서 구하는 게 아니라, 느낀 건 그렇지. 그 몇 사람들, 몇 사람들이 가서 그렇게 구해내는 식으로 자꾸 혼란 오는 거, 그 방송이 그렇게 되더라고요.

계속 이제 올라가다가 중간에 작은애[큰애]한테 전화가 왔더라고요. 근데 내가 처음에 올라가면서 듣기로는 그랬는데, 큰애한테 전화 온 게 전원 구조라고 이제 뉴스에서 나온 거 보고… 방송이 그렇게 나왔고. 그래서 엄마랑 학교로 간다고 그러더라고요. "알았어" 그러고 바로 학교로 갔는데, 느낌에 그니까 이제 단원고 들어가는 그 입구가 좁잖아요, 원래. 그 앞에서부터 꽉 밀려 있는데 관광버스가 세 대가 빠져나가더라고요, 일단은. 그니까 부모님들 꽉 채워가지고 빠져나가더라고요. 근데 사람 느낌이 그렇잖아요. 전원 구조라는데 느낌이 이제 뭐라고 그럴까? 이렇게 안 좋은 그런 느낌이 받으면서 들어가는데 관광버스 세 대가 딱 빠져나가는 양쪽을 전부 다 중계차들 와 있고, 앞에 나와서 기자들 몰려 있고, 경찰들 몰려 있고 막 그러더라고요. 정문에서 만나기로 했는데 거기에 도착하니까 큰애가 안 나와가지고 다시 전화해 가지고 내려오는데 안에서는 막 난리가 난 것 같[고], 나는 이제 학교 안에 체육관에 안 들어갔으니까 모르고 큰애가 내려오면서 그러더라고요. "전원 구조되었다고 하는데, 아빠 진도 내려가야 될 것 같다"고 그러더라고요. "왜?" 그랬더니 걔도 이제 뭘 봤[는지], 자기도 뭔가 찜찜한가 보죠? 뭐가 좀 이상하다고 얘기를 하더라고요. 그러니까 전원 구조가 되었는데 학교 측에서 정확한 내용을 모르겠다는 식으로 자꾸 얘기를 하니까 진도 내려가야 될 것 같다고 그러더라고요. 거기에 집사람하고 집사람 친구, 그다음에 몇 사람이 같이 있었거든요. 아무래도 그 사람들도 그런 느낌을 받으니까 아빠 오면 같이 진도 내려가라고 그런 이야기를 한 모양이더라고요.

그래 가지고 같이 큰애하고 둘이 진도 내려가는데, 계속 방송을 틀어놨는데 처음에는 전원 구조됐다가 나중에는 인원 자체가 뭐 이중으로 계산해 가지고 잘못되었다 그러다가, 내려가니까 제일 처음에 그 선원, 거기는 이제 사망자 하나가 나오죠. 그 여객 직원 하나가 나오죠. 그게 나오고 조금 있으니까 차웅이가 사망자로 하나 나오고. 그러다가 다시 3시쯤에 인원이 뒤바뀌어 버리죠. 그러면서 이제 완전히 아비규환이 되어버린 거죠. 버스 안에서부터 모든 게 전부 다 아비규환이 되어버리고…. 계속 전화는 오는데 우리는 진도 내려가는데 상황은 모르겠고, 그렇다고 제대로 된 방송이 나오는 것도 아니고, 차 안에서 완전히 돌아버리기 일보 직전이고, 뒤쪽에서는 막 엄마들 울고 있고(한숨). 그러면서 이제 뒤에서 나오는 얘기가, 통화를 한 모양이더라고요. 애 이름이 생존자 명단에 들어가 있다고 하더라고요. 바로 내 뒤에 앉아 있던 분. 거기서 나오니까 또 사람 완전히 저기 하고…. 그래 가지고 우여곡절 [끝에] 진도체육관까지 갔어요. 제일 먼저 애들 생존자 명단 찍은 거 있는 데를 갔는데 아무리 봐도 애 이름이 없더라고요. 그래 가지고 또 안에 들어가서 이제 생존자 애들이 들어왔으니까 각 반, 그 표지판을 이렇게 세워놨더라고요.

그런데 마침 거기 5반에 남자애 하나, 여자애 하나가 앉아 있더라고요. 그래서 이제 물어봤어요. 건우를 물어봤더니 아침까지 봤다고 그러더라고요. 이후에는 못 봤다고. 그니까 이제 갑판에서는 봤는데, 그 이외에는 못 봤다는 얘기죠. 갑판에 나갔다가 갑판에서…. 그래 가지고 그 관계 공무원들 앞에 쭉 나와가지고 거기서 얘기를 하는데 답이 없어요, 답이. 물어보면 모른다. 우왕좌왕. 뭘 물어봐도 다 모른다. 현장에 나갔다 왔던 과장이라는 놈은 물어보면 모르겠다. 옆에 나중에 얘네들 슬금슬금 다 도망가, 답을 못 하고. 이제 거기만 있으면 더 저기 할 것 같으니까 밖에 나가서 담배를 여러 대 피우고 도저히 안 될 것 같으니까 팽목으로 넘어갔어요, 큰애 데리고. 팽목에 넘어가니까… 참… 팽목은 더해요. 그니까 자원봉사자들 텐트만 이쪽에 이렇게 있고 그 앞에 상황실이라는 데는 천막만 쳐 있고, 아무도 없고. 매표소 안에 들어가 봤더니 그 진도, 팽목항 관할 파출소에 거기 앉아가 있고, 그래 가지고 배를 내놓으라고 하니까 "자기는 권한이 없으니까 자기 맘대로 못 주겠다, 못 띄우겠다" 계속 그러고 있는 거예요. 사고 현장까지 들어가야 되는데, 들어가서 봐야 되는데 거기서는 그런 식으로 하니까 결국은 부모들 해가지고 6만 원씩 갹출을 해요.

면담자 6만 원이요?

건우 아빠 네. 그래서 배를 빌려요. 배를 타고 들어가.

면담자 그게 몇 시쯤이죠?

건우 아빠 그때가 7시 반인가?

면담자 저녁 7시 반이요?

건우 아빠 네. 저녁 7시 반인가 8시 반인가 사이에 그때 들어가요, 배를 빌려 타가지고. 근데 가니까 여기가 사고 지점이면 가까이 가지를 못하게 걔네들이 경비선 애들이 막아요. 그니까 이 정도에서 본 거죠. 그러고 나서 다시 돌아와요. 돌아와서 보면 얘네들은 구조 수색 작업을 하고 있다고 하는데, 여기서 봤을 때도 사람이 들어가는 게 하나도 안 보여요. 들어가 가지고 구조하는 게 안 보여요. 그래 가지고 내가 나중에 경비정을 타고 다시 한 번 들어가요. 그러니까 얘네가 가까이 가져가다가 대주더라고요. 거기서 고무보트 하나가 계속 도는데 얘네들 얘기로는 구[조], 수색을 하고 있다고 하는데, 걔네들 슈트를 보면 물속에 들어가는 슈트가 아니에요. 물기가 하나도 없어, 그냥 입고만 있는 거야. 그냥 보트만 이렇게 타고 그 주위를 계속 돌아요. 도는 이유가 딱 하나예요. 뭐냐, 아이들이 구명 자켓[재킷]을 입고 있잖아요. 그러니까 아이들이 거기서 자동적으로 올라오면 데리고 오는 것밖에 안 하는 거 같애요, 그날 저녁에는. 그니까 계속해서 그 주위를 도는 거예요. 그래서 다시 경비정 타고 들어와서 그 뉴스 [보면], 자동적으로 올라오는 애들 경비정에 실어가지고 다시 이제 팽목항에 데려오는 작업을 하기 위해서 그날 이제 16일 저녁부터 그러고 있는 거죠, 걔네들은.

우리가 16일 저녁부터 시작해서 18일 저녁까지 아이들 올라오는 거 전부 다 눈으로 일일이 확인했으니까. 아이들 올라오는 것 확인하는 것도 진짜 너무 힘들어요. 팽목항 이쪽에 배 대고 나서 선착장에 올라오면 그 앞쪽에 앰뷸런스 한 대, 두 대가 애들 올라오는 숫자만큼 딱 대 있거든요. 얘네들이 거까지 데리고 올라와요. 그러면 앰뷸런스 뒤에 내려놓고서 그 후래쉬[플래시] 하나 가지고 애 흰 천을 이렇게 걷어내면은 그거 위에서 비추면, 부모들이 다 달려가서 그걸 확인을 해야 돼요. 그 껌껌한 데서 불빛 하나로 아이 얼굴을 확인해야 된다는 게, 그게 정확히 확인이 안 돼요, 정상적인 얼굴이 아니기 때문에. 왜냐면 물을 먹고 있으니까 얼굴이 부어 있고 좀 그러다 보니까. 이게 또 여자아이들 같은 경우는 주로 이제 배 안에서 서로 옷을 바꿔 입고 그러다 보니까 거기서 또 많이 헷갈리고. 그래서 또 항의한 게 그거죠. 아이들 그렇게 올라오면 다들 달려가서 확인해야 되는, 막 그래 가지고 항의를 했더니 밑에서 올라오면서 하는 얘기가 여학생이라고 그러면 엄마들이 가고, 남학생이라고 그러면 아빠들이 가고 이제 그런 식으로 또 올라오고, 밑에서 이렇게 이야기를 해서 확인을 했는데 그래도 마찬가지예요. 그 후래쉬[플래시] 불빛 하나로 해가지고 아이 찾는다는 거는 한눈에서 식별하기가 힘든 거고. 그래 가지고 16일 날 그런 식으로 밤을 보냈고.

또 17일 날은 방해 작전을 얼마나 했냐면 거기서도 아이들이 톡 보낼 시간이 있으면 전화하는 게 더 빠르지 않겠어요? 근데 어느 순간에 그러더라고요. 애들이 살아 있다고, 톡이 왔다고. 그러더니 그 골판지 있잖아요? 라면 박스 거기에 누가 해가지고 쓴 모양이더라고요. 애들 어디에 몇 명, 어디 식당 칸에 몇 명 있고 그게 전화가 왔다고, 카톡이 왔다고 그걸 또 누가 들고 왔더라고요. 아무리 생각해 봐도 그렇게 쓸 시간에 애들이 춥고 그 껌껌한 밤에 카톡을 보낼 시간이 있으면 버튼 하나 눌러가지고 통화하는 게 더 빠르지 않나? 카톡이 부모한테 왔다는데 받은 사람은 안 보이고 전화기만 넘어오고. 그래 가지고 애들 살아 있으니까 빨리 구하라고 아무리 소리쳐도 해경에서는 뭐 사람이 있어야죠. 그날 저녁에 아무도 없었고, 아침 10시인가 그때서야 관계자들 한두 명씩 나타나고. 이제 멱살 잡고 막 흔들고 거기서부터 난리가 나고. 여기서 무전 때리면 저쪽 사고 해역에서는 구조하고 있다고 얘기만 날아오지. 그러니까 오죽했으면 유가족들 다 그 사고 해역 가가지고 거기서 거꾸로 휴대폰에 통화하고 문자 날려서 "야, 거기서 구조하고 있다는데 거기 몇 명 들어갔냐?" 했더니 거기서 하는 얘기는 "구조는 누가 하냐고, 개뻘 여기 아무도 없는데" 그 소리 나오고 그런 상황이에요. 그런 상황 계속 오가고, 얘기하면 말도 안 되는 소리하고, 애들 유실될 가능성이 있으니까 유실물 방지해라, 노래 부르고 쫓아다녀도 하지도 않고. 결국은 아이들 떠내려가다가 그 양식장에 걸려가지고 나오고. 우리가 우려했던 게 계속 문제가 발생되고 하니까. 유실물 방지하라고 애들 떠내려가는 거 방지하라고 했는데, 결국엔 지네들은 생각도 안 하고 거꾸로 우리들한테 물어보고… 그래서 주위에 그물로 해가지고 대충 이렇게 유실물 방지 해 놓고.

그러니까 얘네들 해결이라는 자체는 뭐냐, 딱 한 가지예요. 이 배가 침몰했을 때 구조 세력인 해경에서는 구조할 생각을 처음부터 안 했다는 이야기예요. 이 배가 침몰하고 있는데 123정이라는 그 경비정이 선원들이 있는 기관실을 정확히 알고서 가져다가 배를 대거든요. 배가 이렇게 돌아가면 그 뒤쪽에 아이들이 전부 다 있는데, 제일 먼저 거기로 간 게 아니라 기관실 먼저 딱 해가지고 찾아가더라고요. 먼저 기관실에 배를 댔으니까, 나중에 이제 TV에서 딱 보면. 그때 당시에는 그런 생각도 못 했어요. 아이 찾고 집에 와서 전부 다 정리하고 하고 TV에 나오는 거 보고 가만히 생각해 보니까 이제 의문점이 한두 가지가 아니야. 그때 당시에는 진짜 그럴 겨를도 없지만, 내려가 가지고 딱 이 한 가지가 제일 먼저 들더라고요. '우리 아이 못 찾으면 어쩔까' 그 껌껌한 바닷가 보면서 생각나는 게 그거예요. 얘를 빠른 시일에 찾아서 집으로 데려가는 게 급선무야. 근데 지금 얘네들 하는 작태를 보면 언제 나올지 모르겠는 거야. 이제 16일 날 저녁에 들어가 가지고 경비정 타고 그 앞에 가면서 별 오만 생각이 다 드는 거야. 눈에서 계속 눈물만 나오지, 입에서는 우리 애 이름만 계속 불러대고 있는데 머릿속에서는 오만 생각이 다 드는 거야, '우리 애 못 찾으면 어떻게 될까' 그런 생각부터 시작해 가지고. 그래 가지고 다시 16일 저녁에 경비정 타고 들어갔다가 아침에 나왔거든요, 제가.

면담자 아침에요?

건우 아빠 네. 그러니까 계속 거기에 경비정이 주위에 있고. 걔네들 움직이고 있는 거 보고 있다가 다시 이제 팽목으로 들어간 시간이 아침, 이제 새벽에 들어왔거든요, 17일 날 새벽에. 그러고 나서 이제 부둣가에 앉아가지고 또 계속 왔다 갔다 하는 거야. 그때 아침에서부터 시작해서 이쪽에 밑에 다시 하도 저기 하고 비가 오고 막 그러니까. 뭐 지금 생각하면 전부 다 진도체육관에 가다 보니까 이쪽에는 팽목항에는 아무것도 없거든요. 비는 오지, 그러니까 막 이쪽에서 천막 치기 시작하지, 이쪽은 밑으로는 또 자원봉사자들 텐트 계속 치고 있지, 그냥 비 다 맞고 돌아다니는 거야. 혹시 사무실에 뭔 이야기 나오나 그런 식으로 왔다 갔다 하고 돌아다니면서. 완도에 이모 계시고 목포에 사촌 형들이 있으니까 사촌 형들 찾아오고. 그다음에 처남도 진천에서 그날 내려오고. 이모나 사촌 형들은 왔다가 다시 갔다가 또 오고. 그러면서 처남하고 처 작은아버지하고 계속 있는 거죠. 처남 같은 경우는 휴가 내가지고 온 거고. 그니까 나랑 처남하고 처 작은아버지 셋은 팽목항에 있고.

집사람은 16일 날 3시 이후에 그 소리 듣고 나서 혼절해 가지고 병원 응급실에 실려 가고. 밤에 전화 와가지고서 내려온다고 막 난리 치는 거를 못 내려오게, 일단은 친구하고 전부 다 붙잡아 놓으라고 하고. 병원 응급실에 전화해 가지고 일단 안정제 투여하고 무조건 저기 하라고 해놓고. 그런데 아침에 이제 전화가 왔더라고요, 막내한테. 막내는 계속 학교에 있고… 체육관에. 언니 내려간다고 난리라고. 지금 할 일도 없는데 내려오면 뭐 할 거냐고 집에 있으라고 [했지만]. 결국은 과외 선생님하고 몇 분 같이 내려왔더라고요, 지 친구하고.

면담자　　어머님이요?

건우 아빠　　네.

면담자　　과외 선생님이랑 친구분들이랑 17일에 내려오신 건가요?

건우 아빠　　네. 그래 가지고 내려오신 분들 점심 멕이고, 팽목항에 있어봐야 춥고 아무것도 없으니까. 할머니하고 고모하고 집사람하고 큰애하고 집사람 친구하고 전부 다 해가지고 진도체육관으로 보내놓고. 나하고 처남하고 처 작은아버지하고 팽목항에 계속 있는 거고. 그렇게 나눠져서 있는 거죠. 참, 그런데 유언비어, 작전 세력이라고 그러죠? 그때 당시에는 유언비어가 얼마나 퍼졌냐면 그냥 일반 사람이에요, 일반 사람이 와가지고 그 자원봉사자들 앞에 보면 이제 유가족들 뭐 요기라도 하라고 음식 만들어주고 막 하잖아요. 처 작은아버지나 처남 같은 경우는 막 끌고 내려가 가지고 먹으라고 그러는데 들어가나요? 전혀 안 들어가지. 앉아 있으면 자기들 밥 먹으면서 말도 안 되는 소리를 어떻게 하냐면, 여학생 하나가 뭐 물에 이렇게 떠내려가는 걸 자기가 헤엄쳐 가지고 데리고 나왔다고 그런 식으로 얘기를 해요. 여학생 하나가 저기 해가지고 양식장에 걸려 있는 걸 빗대가지고, 자기가 구해왔다는 식으로 그 식당에서 밥 먹는 사람한테 얘기를 전부 다 하는 거예요. 우리 같은 경우는 어이가 없죠. 속에서 울화통이 터지는 거죠. 막 속에서 불나요, 그런 얘기 들으면. 근데 우리는 거기다 대고 뭐라고 못 하고. 그 주위에 있는 처남이 나서서 막 뭐라고 그러더라고요. 그 정도로 막 그렇게 와서 유언비어 퍼뜨리고 그러는데 답이 없어요. 우리는 거기에 대응할 그 생각도 못하고 있는 거예요. 내 새끼 찾기 위해서 거기에 있는데, 일일이 다 대응을 할 수도 없고 거기에 뭐 경찰들이 전부 다 있지만, 걔네들이 뭐 일일이 그런 걸 규제하고 하지도 않고. 걔네들은 어차피 2차, 3차 사고 대비를 위해서 전부 다 바닷가 쪽으로 서 있는 애들이고. 제일 힘든 게 그런 거거든요. 그니까 말도 안 되는 얘기들 거기 앉아서 하고.

면담자　　그 사람들은 뭐였다고 생각하세요?

건우 아빠 그니까 쉽게 말하면 그거예요(한숨). 외부에서 투입된 인원들이에요. 하도 유언비어가 난무하고 그러니까 진도체육관도 마찬가지예요. 거기서도 똑같은 일이 벌어지는 거예요. 우리한테 팽목에서 하는 식으로 거기서도. 엄마들은 알겠죠? 왜냐면 학교 다니면서 누구 엄마고 누구 엄마고 대충은 알겠죠. 그니까 같은 반끼리 몇 명은 뭉쳐 있고, 나머지 이제 모르는 사람들은 일반인들하고 같이 막 섞여 있는 거죠. 그러다 보니까 뭔 상황이 일어나냐, 누가 이쪽에서 유언비어 이야기를 해요. 그러면 바로 이쪽에서 옹호하는 팀들이 있어요. 걔네들이 옹호를 하면 이쪽 우리 유가족 측에서는 반발할 거 아니에요? 그러면 싸움을 시켜요. 그쪽에서도 마찬가지. 이제 그게 계속 반복되다 보니까 결국은 그거죠? 그니까 누가 유가족이고 누가 작전 세력인지 모르는 거지, 외부에서 들어온 세력인지도. 거기에 또 뭐냐면 각 지역에서 들어온 정보관 애들까지 전부 다 껴 있으니까. 누가 어떻게 뭔 그게 되는 건지를 아무도 모르는 거지. 실질적으로 아빠들도 있지만 그 사람들은 전부 다 일반인인지 유가족인지 모르는 거야, 아빠들은. 다들 섞여 있으니까. 팽목도 마찬가지고. 그런데 보니까 양쪽에서 유언비어는 유언비어대로 나오고.

체육관 쪽에서 가만 보니까 지금 말도 안 되는 소리가 나오지, 유가족은 유가족대로 난리지, 결국은 반별로 전부 다 부모들을 앉혀놓은 거예요, 전부 다 싹. 그래 가지고 거기서 이제 반별로 전부 다 학생들 리스트를 만들었죠. 1반부터 10반까지 다 찾아가지고

"앉아라. 거기서 대표를 전부 다 하나씩 뽑아라". 그러고 나서 학교 측에 연락을 해가지고, 1반부터 10반 애들 명단을 전부 다 받아가지고 일일이 찾고 해가지고 명찰을 만든 거예요. 그니깐 1학년 1반 누구누구, 1학년 2반 누구누구, 10반까지 명찰을 다 만들어가지고 체육관에 줬어. 그러고 나서 명찰 없는 사람들은 또 팽목에 있잖아요. 그니까 전부 다 거기서 각 반 대표하고 부대표를 뽑아가지고 반 대표가 넘어오든, 부대표가 넘어오든 그래서 팽목항하고 같이 연계를 하려고 이제. 진도체육관에서 저녁때 몇 시에 넘어온다고 그러더라고요. 집사람이 전화가 왔더라고요. 명찰을 받으라고 [해서]. 알았다고 하고 그쪽에서 넘어와서 명찰을 딱 주고. 그다음에 서로 의사소통을 하기 위해서 회의를 양쪽에서 하기로 해가지고, 그걸 각 대표들한테 취합을 하든 뭘 하든 그 얘기가 됐고. 이제 그런 식으로 시스템을 만들어놓으니까 아까 얘기했던 작전 세력들 있잖아요? 싹 빠져나갔어요. 왜? 명찰 아닌 사람들은 전부 다 쫓아버리니까 이제. 그니까 거기서 반 이상이 빠져나가 버린 거예요. 진도체육관에서는 어느 정도 정리가 돼버린 거죠. 정보관 애들 거기서 몇 명 걸려가지고 봉변당하고.

말하는 애들이 전부 다 정보관 애들이거든요. 걔네들이 사복 입고 들어와서 거기서 유언비어 퍼뜨리고 계속 이제 조작을 하다가, 명찰 있고 하니까 이상한 말 하면 걔네들 멱살 잡고 막 저길 하다 보니까 안에서 경찰 신분증이 나오는 거죠. 그런 애들 걸리고 하니까 점점 이제 거기는 정리가 돼 있고. 이쪽 팽목항은 정리가 안 돼요, 명찰 가지고 있어도 이게 외부의 식당하고 막 섞여 있고 그러다 보니까. 이 명찰 갖고 있으면 밑에다가 천막을 쳐놓으면 유가족들은 거기 들어가 있고, 친척들도 같이 들어가 있고. 그 사이사이에 끼어가지고 들어와 정리가 안 되니까 나중에 어떻게 했냐면, 거기도 마찬가지예요. 명찰 아닌 사람들은 무슨 이야기를 해도 프락치라고 하고 밀어냈으니까 우리가 그래서 계속 그런 식으로, 그렇게 하는 와중에서도 참 그 카톡이라는 게 무섭긴 무섭더라고요. 그다음 날에는 카톡이 어떻게 오냐면 "1반부터 10반까지 딱 나와요. 1반 애 누구 한 다섯 명이 식당 칸 옆 뭐 커피 자판기 옆에 구석에 몰려 있다", "2반 애들 한 일곱 명이 어디에 있다". 그 구체적인 장소까지 다 찍혀가지고 나와요. 1반부터 10반까지. 누가 보낸지는 몰라요. 부모한테 왔다고 그러는데 몰라. 그니까 우리가 거꾸로 그랬어요. "이거 보내준 부모가 누구냐, 데리고 와라" [그러면] 없어요. 이거 주고 갔대. 사라져버린 거예요. 그 정도로 걔네들이 그렇게 한 건데, 실질적으로 1반부터 10반까지 다섯 명만 잡아도 50명이잖아요. 50명이 일일이 어디에 있고, 구체적인 장소까지 카톡으로 하려면 차라리 전화하는 게 더 빠르지. 그런 식으로 문자를 보내고.

방송 같은 경우도 똑같애요. 16일 날 방송 찍은 KBS, MBC, SBS 있잖아요. 그게 3일 동안 나오더라[고], 똑같이. 그리고 뭐 구조한다는 내용도 아나운서 멘트만 약간씩 바뀌지만 똑같은 화면이 계속, 3일 동안. 17일 날은 조명탄은 쏘지도 않았는데, 여기서는 조명탄 몇 발 쏴가지고 구조 작업하고 있다고 그게 뉴스에서 나오니까, 우리는 지금 보고 있는데 그게 말이 되는 소리냐고요. 방송에서는 그런 식으로 오보 때려버리고 그러니까, 결국은 팽목하고 진도체육관 빼고 외부에서는 다 방송 나간 대로 믿고 있는 거죠. 그니까 그러는 거예요. 실질적으로 보고 있는 사람들은 기가 막히는데, 외부에서는 전화 와가지고 "야, 조명탄 쏘면서 열심히 구조하고 있다는데 찾았냐?" 말이 되는 소리를 해야지. 처음부터 방송은 방송대로, 그다음에 해경은 해경대로, 그런 식으로 처음부터 저기를 한 거니까. 우리가 저기 해수부 장관, 해경청장, 그 정부 관계기관 세 사람을 앉혀놓고 현장하고 청장이 무전을 때려요. 구조 작업 지금 하고 있냐고 그러면 그쪽에서 안 하고 있다고 해요. 그니까 무전을 때리면 안 받아, 저쪽에서 아무리 때려도. 전화해도 안 받아. 그러면 그쪽에서 거꾸로 우리한테 와요. "구조 작업 안 하고 있다고, 구조 작업 안 하고 있다는데 니네는 뭔데 구조 작업하고 있다고 난리 치냐"고 그러면 지네가 또 무전을 때려요. 안 받아, 절대 안 받아. 어떻게 통화가 되잖아요? 구조 작업하고 있냐고 그러면 현장 애들 구조 작업 안 하고 있다고 얘기해요. 그러면 방송에는 하고 있다고 때리고.

왜 안 하냐고 하니까 물때가 안 맞으면 못 한다 이거죠. 현장은, 사고 해역에서는 그러고 있어요. 원래는 오전에 두 번, 새벽에 두 번 들어가게 되어 있잖아요. 안 들어가. 해수부 장관이 [무전] 때려도 전화를 해도 안 받고. 청장이 전화를 해도 안 받고. 나중에 한다는 얘기가 물때가 안 맞아서 작업 못 하고 있다고 그러는데….

조금 쉬었다가 할까요?

(잠시 중단)

7
진도에서의 경험

면담자　다시 할까요?

건우 아빠　네.

면담자　진도 얘기하는 중이었어요. 진도에서 보고 느낀 것 중에 조금 더 생각나는 것 있으면 말씀해 주셔도 되고, 아까 하던 얘기 계속해 주셔도 돼요.

면담자　3일 동안 왔다 갔다 하면서 느낀 건 그거예요. 그 전까지는 우리가 뭐 성수대교 참사고, 그다음에 대구지하철 참사 이제 그런 참사가 일어났을 때 우리가 직접 당해보지 않았잖아요. 그니까 '어, 안됐다' 그러고 말고 성금 뭐 보태주고 그걸로 끝나고 그냥 흘러갔잖아요. 실질적으로 당해보니까 그 사람들 심정을 그때 우리가 알겠더라고요, 정말로. 이런 참사가 일어났을 때 정부가 재빠르게 대응을 해서 최소한도로 손실을 막고 그거를 해야 하는데, 우리가 느낀 거는 '아, 그게 아니구나' 이렇게 참사가 나도 정부에서 손 놓고, 그다음에 실질적으로 국민들이 알아야 할 정보들을 전부 다 왜곡하고, 방송에서는 지네들 나름대로 각색해서 말하기 편한 대로 내보내는구나. 거기서 우리가 갖고 있는 생각이 깨지기 시작하는 거죠. 이제 완전히 혼선이 돼버린 거지. 우리가 생각하는 거하고 실제 당하고 보니까 이게 뒤섞이면서 정부에[대해] 생각하고 있던 거, 그런 게 전부 다 하나씩 파괴가 되고 그런 걸 느끼게 되고. 정부에 관련된 공무원들, 여기에 관련된 공무원들 얘기하는 거하고 실질적으로 봤을 때 '아, 얘네들은 그나마 지네들이 지시한 거 그 외에는 일을 하지 않는구나', 딱 철밥통인 거야. 이제 그런 거를 전부 다 느끼게 된 거죠. 그러면 결론은 '우리 아들 찾으려면 우리가 바라는 거를 강력히 요구해야지, 우리가 열 개 요구하면은 그나마 한두 개는 들어주겠구나' 그런 생각을 갖게 되는 거죠.

걔네들하고 여러 번 회의를 해도 딱 정해져 있어요. "내가 해줄 수 있는 거는 여기서 당신네들 질서 유지하고 그다음에 저기 정부에서 가서 구조 작업하는 거 외에는 해줄 거 없다" 그걸로 끝이에요. 더 이상 얘기해 주는 건 없어, 더 이상. 거기서 끝이고 결국은 우리가 요구하는 게 안 되니까 계속 얘네들하고 그다음에 국무총리 잡아놓고 얘기해 가지고 애들 빨리 구조해 달라고. 해수부 장관 와도 마찬가지예요. 경찰청장 와도, 해경청장 와도 같은 얘기. 요구하는 거는 애들 빨리 구조해 가지고 집에 갈 수 있게끔 만들어달라는 얘기죠. 결국은 배가 침몰해 가지고 3일 동안 아이들 구조한 건 하나도 없어요. 구조 세력, 민간 잠수사들 들어가 가지고 배 타고 못 들어가요, 그냥. 거기 팽목 주위만 왔다 갔다 해. 왜 못 들어가냐니까 해경이 막는대요. 해경이 하는[막는] 이유가 지네 잠수부 있고 걔네들 지금 잠수하고 있으니까 일반 잠수부들은 안 집어넣는다는 얘긴데, 실질적으로 이제 나중에 저쪽에서 오는 얘기는 그쪽에서 작업도 안 하고 무조건 민간 잠수사들 못 들어오게 막는 이유는 딱 한 가지예요. 얘네들 실제로 들어가서 작업하다가 뭘 보고 나오면 분명히 얘기할 거다, 그니까 그걸 전부 다 처음부터 차단을 하면서 민간 잠수사한테도 비밀 유지 각서를 받아요. 안에서 자기네들 작업을 하다가 뭘 보든, 뭘 했든 간에 밖에 나가서 절대 함구해라, 그런 각서를 받아요. 그러고 나서 일반 잠수사들이 들어가서 작업에 투입을 하게 돼요.

민간 잠수사 그분들이 목숨 내놓고 들어가서 작업을 하거든요. 그니까 그 사람들이 없었으면 우리 아이들, 빨리 그렇게 구조 안 됐어요. 해경들은 그 밑에 심해 잠수할 수 있는 인원이 없고, UDT[해군 특수전전단] 애들도 거기 들어가 작업할 수 있는 인원이 한정이 돼 있거든요. 그러다 보니까 민간 잠수사들 같은 경우는 들어가서 작업을 하다가 의도치 않게 우리도 모르는 상황을 볼 수 있고, 작업을 하다 보면 여러 가지 상황이 발생할 수가 있으니까 처음부터 다 차단을 하기 위해서 걔네들이 그렇게 시간을 끌었고. 그러다 보니까 우리 쪽에서 반발이 점점 심해지니까 민간 잠수사들 투입하기 시작했고. 그래서 말도 안 되는 에어포켓이 있다고 그래 가지고, 공업용 산소를 거기다 집어넣고. 그 자체가 이해가 안 가는 게 내가 봤을 때, 처음에 그 경비정 타고 들어갔다고 했잖아요. 가까

이 가서 봤을 때는 에어포켓이랄 [게], 에어포켓 자체가 존재할 수도 없는 상황이거든. 배가 이렇게 엎어져 있으면 여기 위에 상당 부분은 공기가 분명 있을 거라고요. 근데 이게 지금 선수만 들린 상태에서 완전히 배가 가라앉았거든요. 선수가 들렸다는 얘기는 선수 그 앞쪽에는 유류 탱크하고 물 채우는 그쪽하고 화물칸 쪽, 화물칸이 중간 쪽에 있을 거라고요. 아무리 생각해도 여기는 유류 탱크, 인천에 기름 탱크에 풀로[가득] 채워가지고 움직이니까 그 정도 가면 한 3분의 1 정도 남았다고 보거든요. 그러면 거기에 공기가 차 있으니까 거기가 들렸을 거라고요.

아무리 봐도 그쪽 같은데, 선실에 에어포트가[에어포켓이] 있다고 해가지고 거기다 공업용 산소를 집어넣은 자체는 해경에서 아이를 구조할 생각은 없었던 거예요. 그니까 배가 침몰한다는 보고 받았을 때 해경에서 100퍼센트 이걸 그대로 인양하려고 준비를 했던 거고, 걔네들은 그냥 시늉만 낸 거고. 근데 시늉만 냈어도 공업용 산소를 주입한다는 것 자체는 만약에 애들이 살아 있었다고 가정했을 때 100퍼센트 다 사망한 거죠, 공업용 산소를 집어넣었기 때문에. 근데 우리 건우는 진짜… 이 녀석이 모르겠어요. 4일 만에 나왔거든요, 20일 날 그때 새벽에. 19일 날 저녁에 회의를 했는데, 이제 그날 이름표를 전부 다 걸고 있었거든요. 대표들이 해경 수뇌부에 들어가 가지고 회의를 하고, 우리는 반 부모들끼리 회의를 이쪽에서 진행을 하고 있었고. 그 수뇌부하고 회의가 잘되면 인양이든 구조든 빠른 시간 안에 전부 다 하기로 지금 그거를 받아내고 하려고 이쪽하고 회의를 하고 있었거든요.

이제 10시 반이 됐는데 저쪽에서는 회의 끝낼 기미를 안 보이는 거예요, 수뇌부들하고 유가족 대표들하고. 그래 가지고 우리가 회의하는 장소를 갔는데, 그 안에서 회의 자체가 깨져버린 거죠. 우리가 요구한 거를 걔네들은 못 들어주겠다는 얘기, '해줄 수 있는 방법이 없다, 여기서 끝이다'. 그래 가지고 안에서 막 집기가 던져지고 난리가 났는데, 밖에서는 뜬금없이 인양해야 된다는 얘기가 터져 나온 거예요. 아이들이 안에 있는데 어떻게 인양 얘기가 나오냐, 그 날. 그것도 내 옆에서 막 그런 얘기를 하니까, 당신들 누구냐고 이제 막 몰아붙이고 그러니까 삽시간에 우리가 둘러싸였어요. 이게 밀고 들어오는 거야. 걔네들이 전부 다 그 정보관 애들이거든요.

이제 그런 식으로 자꾸 얘기가 나오니까 막 갈등이 생기고, 결국은 "우리가 갈 수 있는 건 딱 한 군데다", "해결해 줄 수 있는 거는 청와대밖에 없다", 그러고 나서 이제 "청와대로 가자"고, 거기서 그런 거지. 왜냐면 17일 날, 청와대에서 내려와 가지고 한 얘기가 있었잖아요. 그래서 "우리가 갈 수 있는 데는 청와대밖에 없다", 그 얘기를 하거든요. 그날 전부 청와대로 가기로 해서 버스를 대라고 그랬더니 얘네들이 기사들을 전부 다 빼돌려 버렸어요, 싸그리 못 올라가게끔. 버스가 처음에는 한두 대가 오더니, 나머지는 기사들이 전부 다 어디로 사라졌는지 나오질 않는 거야. 그래서 청와대 간다고 팽목에서 출발하고 진도체육관은 진도체육관대로 난리가 난 거야. 뭐 거기서도 청와대 간다고 나오고. 근데 막내한테 전화가 왔더라고요, 나보고 청와대 올라갈 거냐고. 그날 이제 회의 끝나가지고 내가 밑으로 내려가고 있는데, 게시판에 보면 상황실에서 아이들 올라오면 인적 사항을 붙여놓는 데가 있어요. 그쪽으로 내려가고 있는데 전화가 왔더라고요. 근데 느낌이 싸한 게 청와대 갈 거냐고 물어보니까, 내가 "아니, 청와대 안 가고 건우 찾아가지고 올라갈 거야" 딱 그 한마디만 던져놓고 전화를 끊었어요. 그러고 이제 보니까 밧데리[배터리]가 없어 가지고, 그 상황실 옆에 게시판 옆에 보면 SK고 뭐고 충전하는 데가 전부 다 있거든요. 충전하러 내려가 가지고 충전해 놓고 있는데 그날 배가 11시에 나가거든요, 경비정이. 그래 가지고 그쪽에서 11시쯤에 들어가서 이제 거기 있다가 다시 올라오다 보니까 인적 사항을 이제 세 개가[를] 붙여놨더라고요. 35번, 36번. 37번.

근데 거의 똑같애요. 비슷해, 옷 입은 애들이. 남자애들인데 옷이 보니까 이제 위에 검은색 티셔츠, 그다음에 바지는 아디다스 삼색 줄무늬 곤색, 남색. 하나는 검은색 티에 그림이 그려져 있고, 하나는 뭐 있고 뭐 있고 그런 식으로 나오거든요. 키는 뭐 얼마, 얼마 해가지고. 이제 특징 뭐, 송곳니 쪽에 덧니 난 애 있고 뭐 그런 거를 써놓거든요. 근데 보면 키들이 전부 다 비슷해. 건우 같은 경우에는 뭐 보철한 것도 아니고 그런 건 없으니까, 송곳니 난 것도 없고. 애들 셋이 비슷하니까 그냥 그런가 보다 하고 내려갔어요. 밑에서 한참 있다가 또 저기 바다까지 걸어갔다가 올라와 혹시 뭐 다른 애들이 붙었나 보는데 그냥 세 명만 달랑 있더라고요. 다시 한 번 이렇게 보는데 37번에 자꾸 눈이 가는 거예요, 그 마지막 거기에. 이상하게 계속 그쪽만 눈이 가는데 느낌이 이제 싸하더라고요. 그래 가지고 다시 위로 올라갔어요, 처남 있는 데. 처남한테 가가지고 처 작은아버지 있는데 그 얘기를 했어요. 자꾸 37번이 눈이 가는데 싸하다고 그랬더니 "그래?" 그러더니 같이 내려갔어요. 내려가서 보고 있다가 이제 처남이 다시 올라갔다가 좀 이따가 나 찾으러 내려왔어요. "누나한테 전화 왔어요" [그래서] "왜?" 그랬더니 전화 왜 안 받냐고. "밧데리[배터리]가 없어서 충전하고 있는데 왜 뭐 때문에 그러는데?" [했더니] "37번이 건우 같다"고, 자기가 딱 보니까 그 바지 챙겨준 게 눈에 띈 거야, 자기가 직접 그날 아침에 바지 챙겨준 게.

근데 나한테는 7부 바지라고 얘기했거든요. 그래 가지고 그 37번 언제 들어오냐고. "새벽 3시에 들어오는데, 배가" 그랬더니 "이따 가보면 되겠네" 그러더라고요. 이따 가볼 거라고 그래 가지고 내가 한 2시 반에 올라갔어요, 차에. 그래 가지고 잠깐 앉아 있는데 잠이 든 거예요. 그러니까 한 55분 정도 되니까 불빛이 보이니까 처 작은아버지가 "어, 배 들어온다"고 그러더니 나보고 안 갈 거냐고. 어차피 그날은 19일 날 안치소를 만들어놨거든요, 천막 쳐가지고. 아이들 올라오면 거기다가 데려다 놓고 1시간 정도 확인이 안 되면 병원으로 바로 이송하는 걸로 얘기가 되어가지고 안치소로 만들어놨어요, 천막에다가. 바로 천막에 만들어놨으니까 어차피 가서 보면 되니까 달려가지는 않아도 되니까 "쪼금 이따 갈게요"

하고 갔어요. 처갓집 작은아버지가 먼저 갔는데 전화가 안 오는 거예요, 10분 지났는데. '아닌가 보다' 그러고 천천히 불빛 쪽으로 갔는데, 저기 들어가는 길목에 처 작은아버지가 계시더라고요. 그러더니 물어보더라고요, 건우 보철했냐고. "아니, 보철 안 했는데" 그랬더니 "그러면 첫 번째는 아니네". 두 번째는 그 송곳니 쪽에 덧니가 났냐고, "그것도 아닌데" 그랬더니 "걔도 아니네". 세 번째 얘기는 안 하더라고요. 그때는 세 번째 애를 못 본 거 같애, 느낌에. "그러면 두 명밖에 못 보셨어요?" 그랬더니 "아니, 있는 애는 봤는데 없더라고" 그래 가지고 첫 번째 두 번째 애는 아니니까 세 번째 애만 보면 이제 확인이 되는 거잖아요.

그래서 들어가니까 아이들이 이제 세 명이 딱 누워 있더라고요. 첫 번째 두 번째는 아니니까, 세 번째 가서 딱 봤는데 우리 아들이더라고요. 근데 모습이 쉽게 말하면 애가 자고 있어요. 그 자고 있는 그 모습 그대로거든요. 처음에 그 녀석을 봤을 때는 뭐라고 그럴까, 그냥 물끄러미 쳐다보고만 있었어요. 애가 자고 있으니까. 그래 가지고 한 2, 3분 지나고 나니까 이 녀석이 일어나야 되는데 안 일어나는 거죠. 그냥 거기서 누워 있으니까, 눈감고 그냥 가만히. 그걸 보고 있으니까 이제 112, 119 구급대원이 내려오더라고요. 그다음에 나한테 뭐라고 얘기를 하는데 그때 내가 정신이 든 거죠, 애를 보고 있다가. 가가지고 얼굴을 딱 만지는 순간, 애가 너무 차갑더라고요. 그래서 내가 "야, 이 녀석아, 여기 왜 누워 있어? 집에 가자" 하고 딱 안는 순간에 뭐라고 그럴까, 그냥 감정이 폭발

한 거예요. 그 아이를 안은 순간 폭발하다 보니까 옆에서 119 대원들이 붙잡고 난리가 나고 저기를 하는데, 그게 진정이 되는 순간이 아니잖아요.

한없이 울다가 보니까 이제 집사람이 생각이 나더라고요. 그래 가지고 집사람한테 전화를 하니까 전화 안 받고, 할머니한테 전화해도 안 받고, 동생한테 전화하니까 동생도 전화 안 받고, 큰아들한테 전화하니까 받더라고요. "엄마하고 전부 다 어디 갔냐?" 그랬더니, "엄마하고 전부 다 내려갔다"고 밑에. "거기 왜 내려갔냐?"고 그랬더니 청와대 간다고 길 뚫어주러 내려갔대요. 그래 가지고 내가 큰애한테 건우 찾았으니까 엄마하고 할머니 전부 다 빨리 찾아갖고 아빠한테 전화하라고 그러라고. "네" [하고] 그 녀석이 또 엄마하고 찾으러 내려간 모양이더라고요. 이제 처 작은아버지한테 전화해서 오시라고 하고, 건우 찾았으니까. 그게 20일 날 새벽 한 3시 10분에 봤으니까. 그러고 나서 그 녀석 데리고 목포로 간 게 3시 반에 앰뷸런스 출발했고. 목포로 가다 보니까 진도대교 그쪽 이제 넘어가는 유가족들 보이더라고요, 청와대 간다고.

면담자 건우가 올라온 그날이요?

건우 아빠 네. 그니까 나는 찾아가지고 가고 있고 그거 보면서 그분들한테는 참… '유가족들이 뭔 죄가 있어서 청와대 가가지고 내 새끼들 찾아달라고 그렇게 걸어가야 되는지' 그런 생각이 들더라고요, 우리 건우 보면서. 목포 기독병원에 도착하니까 좀 이따 집사람하고 할머니하고 전부 다 왔어요. 아침에 6신가 되어가지고 왔는데 거기서도 난리가 난 거죠. 애, 이제 그 안에 들어가 있고 할머니하고 집사람은 보지를 못해서 나만 봤으니까, 작은아버지랑 둘이 봤으니까, 애 보겠다고 그러는데 막더라고요, 못 보게. 왜 막냐고 그랬더니 아직 검시관이 안 와서 검시가 안 되어가지고 볼 수 없다고. 말이 되는 소리냐고 이제 집사람이 사진 보여주고 등에 점 있는 거까지 얘기를 했더니 맞대요. 거기 직원이 맞대. 근데 못 들어가게 하더라고요. 그래서 밖에서 그렇게 하고 있었는데 좀 있으니까 검사 사인이 나야지만 데리고 갈 수 있다고 그러더라고. 좀 있으니까 검사 왔으니까 들어와 보라고 얘기를 하더라고요. 웃긴 건 나 검시관 들어가는 거 못 봤어요, 솔직히. 그니까 뒷문으로 들어와서 검시하고 뒷문으로 나간 거야. 근데 그 사안에는 내용이 뭐라고 되어 있냐면은 확인이 안 되는 걸로 표기해 놓고 나갔더라고요. 부모하고 전부 다 확인을 했는데, 사진까지 보여주고 확인을 했는데 그런 식으로 써놓고 나갔더라고요, 그러니까. 결국은 그 검사가 나한테 애 못 데려간다고. 뭔 소리 하냐고 그랬더니 검시관이 그렇게 표시를 해놔서 자기가 사인을 못 하겠다고 그러더라고요. DNA 검사를 하라고 그러더라고요.

DNA 검사를 하면 빨라도 최소한 하루고, 늦으면 이틀이거든요. 그러면 애를 그 차가운 냉장고 안에 다시 집어넣어야 된다고. 그래 가지고 안에서 검사하고 대판 싸우고 있는데 SBS 기자들, 여기 '그것이 알고 싶다' 기자들이 따라왔더라고요. 기자들이 이제 밀고 들어왔죠. 검사가 놀래가지고 누구냐고 물어보니까 내가 그랬어요, 사촌 형이라고. 그런 식으로 얘기해 가지고 그냥 찍어가지고 방송 내보낸다고, 말 되지도 않는 소리 갖고 붙잡고 있고 이거 뭐 하는 짓거리인지 모르겠다고. 결론은 검사가 자기랑 협상을 하재요. 무슨 협상을 하냐고, 무조건 데려오면 끝나는데 당신은 나한테 협상에 여지가 뭐[가 있]냐고 그랬더니, 자기가 사인을 해줄 테니까 두 가지만 약속해 달라고 그러더라고요. DNA 검사해 가지고 자기가 다음 날 새벽 1시까지 DNA 검사 보고서를 올려줄 테니까 그때까지 매장하고 화장하는 것만 하면 안 된다고 얘기를 하더라고요. 그 약속을 하자고 그러더라고요. 만약에 당신이 1시까지 못 올렸을 경우 내 맘대로 해도 상관없냐고 그랬더니 답을 안 하더라고요. 내가 알아서 할 테니까 그냥 사인만 하라고 그래 가지고 애를 데리고 올라왔어요. 그니까 이 대한민국 행정이라는 거 자체는, 쉽게 말하면 지네들 편리한 대로 움직이는 행정이거든요. 법이 있으나마나고, 법이 있으면 자기네들 빠져나갈 구실을 전부 다 만들어놓고, 자기들은 규정대로 했다고 그런 식으로 얘기하고. 이 일을 겪고 나서 한마디로 말하면 이 자체가 뭐라고 그럴까요? 말도 안 되는 일들이 일어난 게 한두 번이 아니니까.

이 참사를 겪으면서… 이 나라에는 뭐 경제가 발전하고 했다고 그러지만 거기에 앉아 있는 사람들, 관련된 공무원들 생각 자체가 바뀌지 않는 한 똑같은 참사가 발생해도 똑같이 굴러갈 수밖에 없는 시스템이고, 그 시스템을 바꾸는 거를 이 나라 수장부터 시작해서 그 밑에 있는 사람들이 다 이 체제가 바뀌면 다 죽는다는 그런 생각을 갖고 있기 때문에 절대 바뀌지 않는다는, 절대 바뀔 수 없다는 거… 그거 하나는… 확실하거든요(침묵). 이 대형 참사가 일어난, 그 전에 봐도 성수대교나 대구지하철 참사 같은 것도 전부 다 인재 아니에요? 지금 시스템 자체가 안 바뀌었잖아요? 그대로잖아요. 이 시스템을 바꾼다고, 바꾼다고 말만 해가지고 [될 리도 없고] 이거를 바꾸려면 국회를 통과해서 전부 다 해야 되는데 결국은 국회 가서 소멸되거나 아니면 집권당에 의해서 소멸되거나 [하는데]. 결국은 말로만 떠들지 말고 실질적으로 구체적으로 시스템 자체를 바꿔야 되는데, 그거 바꾸면 자기네들 다 죽는 줄 알고 [안 하는데]. 반대로 이야기했을 때 작년에 미국 허드슨강에 비행기 불시착한 거 있잖아요? 그 영화를 보면 우리하고 완전히 반대예요. 우리 같은 경우는 선원들… 지네들 먼저 살겠다고 지네들 먼저 빠져, 해경 전화해 가지고 지네들 위치 가르쳐주고 123경비정 가서 태우고 가는 걸로 끝나잖아요. 거기에 하나부터 열까지 승무원하고 체크해서 전부 다 내보내고 제일 마지막에 나간 게 기장이에요. 그 주위에 있는 배 전부 다 몰려들어 가지고 여자부터 승객 다 구출해 주고.

결론은 걔네들은 사고 나면 거기에 대한 매뉴얼이 전부 다 있고, 그다음에 그거에 대한 책임자가 딱 정해져 있잖아요. 그 뉴욕에 보면 사고 났을 때 주지사가, 대통령이 전화해서 뉴욕의 최고 책임자가 컨트롤 타워가 되잖아요. 그래 가지고 119 소방대원부터 가용할 수 있는 모든 방법, 수단 강구해서 그쪽으로 다 투입되어 가지고 싹 구조해 내는데, 우리 같으면 반대잖아요? VIP한테 보고한다고 사진만 디립다[들입다] 찍으라고 해놓고, 실제로는 배가 가라앉는데도 그걸 구조 못 하고 앉아 있는데… 기본적인 방법도 모르잖아요. 왜? 망치 들고 선박 가운데 유리창을 아무리 때려도 절대 안 깨져요, 그냥 망치가 튀지. 일반적으로 우리가 알고 있는 것도 그 유리창 끝에 보면 모서리 있잖아요, 끝에 거기를 때려가지고 유리창을 깨는 거지 무턱[대고] 유리창 가운데를 때린다고 절대 안 깨지거든요. 그래 가지고 선박에서 나온 애들 세 명이 최초로 나온 애들이거든요. 그리고 새벽 5시부터 시작해서 그날 27명이 나왔어요, 오전에만. 이제 거기에[그걸] 계기를[계기로] 해서 아이들이 많이 구조가 된 거고. 근데 참 희한한 게 그거더라고요. 아이들이 꾸준하게 계속 나오면 빨리 정리가 되었을 텐데, 어떤 날은 2, 3일은 또 구조가 안 돼요. 그 희한하죠? 어떨 때는 일주일이 넘어도 구조가 안 되고…. 그러니까 우리가 막 난리 치고 그러면 그날 새벽에 애들이 나와요, 항상 그랬으니까. 낮에 애들 절대 안 나와요, 밤에만 나왔지(침묵).

건우에게 특별한 분이 한 분 계세요. 건우가 이제 안산으로 넘어와 가지고 초등학교 다닐 때구나. 그때 이제 미술 교사 하시던 분이 이제 학교생활 접고 공부방을 하셨거든요. 거기에 큰애가 2학년 때인가 들어갔고, 작은애는 저기 초등학교 들어가기 전이니까 지 형이 가니까 따라다녔거든요. 그 옆에 이제 미술 학원이 있었어요. 그래서 두 분이 친구다 보니까 작은애는 미술 학원[에서] 하다가[그림 그리다가] 거기서 공부하다가, 형이 거기서 공부하고 같이 놀다가 같이 이제 만나서 인연이 되어가지고 그 공부방에서 작은애도 같이 이제 공부하고. 근데 2학년 때인가 미술 숙제가 있었는데 엄마한테 얘기를 하더라고요. 이거 어떻게 해야 하냐고. 그니까 지 엄마는 공부방 선생님한테 가가지고 같이 숙제를 하라고 그랬어요. 지 형하고 같이 갔는데 그날 비가 왔어요. 이제 거기 공부방에서 미술 숙제를 하고 비가 오니까 도화지를 머리에 올리고 나가다가 그걸 문 앞에서 놓친 모양이에요. 비가, 바닥에 물웅덩이가 있으니까 그게 빠진 모양이더라고요. 작은애가 그거 보고 막 우니까, 공부방 선생님이 나오신 거죠. 뭐 때문에 그러냐고, 숙제한 게 물웅덩이에 빠져 있으니까 건져가지고 울고 있으니까 공부방 선생님이 이거 내가 고쳐줄 테니까 울지 말라고. 다시 공부방으로 들어가서 드라이기로 싹 말려가지고 원상 복귀를 해주신 모양이더라고요. 공부방 선생님이 나한테 뭐 해줄 거냐고 그러니까 그 녀석이 웃어서 뽀뽀해 달라고 했더니 머뭇머뭇하더래요. 건우는 지 엄마하고 할머니 외에는 전혀 뽀뽀를 안 하는 앤데, 지 숙제 도와주고 뽀뽀를 해달라고 그러니까 웃으면서 뽀뽀를 해주더래요.

그러면서 이제 공부방 선생님하고 계속 인연이 되고, 집사람하고 나도 틈나면 저녁 먹고 술 한잔씩 같이 어울리고 하거든요. 근데 우리가 주공아파트로 이사 가니까, 우리가 5층이고 공부방 선생님이 또 11층으로 이사를 오셨어요. 나 같은 경우에는 현장에 있다 보니까 집사람이 작은애 데리고 자주 올라가고, 그런 인연이 있는데, 그분이 이제 건우한테 저기 한 거죠. 건우한테 양아들이라고 항상 그렇게 말씀하시거든요. 그니까 이제 [건우에게] “아들, 아들” 항상 그러셨는데, 그분도 계속 팽목에 있다가 건우 찾고 같이 올라왔어요. 원래는 천주교 믿으시다가 불교로 저기를 하신 분이거든요. 그니까 이제 건우 찾고, 건우 보내고 나서, 그분이 이제 절에 가서 천도제부터 시작해서 모든 걸 다 진행하시고 자기 아들 보낸다고. 그분이 건우한테 특별한 인연이 있는 분이고, 공부방 선생님 신랑분도 마찬가지로 건우한테 아들, 아들 그러니까. 이 녀석도 처음에는 사람 사귀는 게[걸] 쪼금 힘들어해요, 수줍음이 많다 보니까. 이제 그게 지나고 나면, 지가 그 친구들이나 아는 분들한테나 워낙 살갑게 대하니까 누가 봐도 싫어하질 않는 놈이니까. 건우 보낼 때 우리가 장례식장 도착하기 전에 친구들이 먼저 와서 대기하고 있었거든요, 친구들이. 친구들이 워낙 많다 보니까 3일 내내 친구들이.

면담자 다른 학교 친구들이 많았나요?

건우 아빠 네. 그니까 지 어렸을 때 친구들부터 시작해서 전부 다 초등학교, 중학교, 고등학교 친구들 다 왔다 가고.

면담자 저희가 오늘 많이 진행했어요. 팽목에서도 가족분들 옆에 계신 공부방 선생님, 건우 친구들 얘기 포함해서 2차 구술 때 좀 더 여쭤보도록 하고, 오늘은 여기서 마무리하겠습니다.

2회차

2017년 3월 17일

1 시작 인사말
2 박근혜 대통령 탄핵에 대한 생각
3 지난 유가족 활동 회고
4 유가족 활동의 정치적 관계
5 세월호 참사 유가족 활동의 특성
6 유가족 활동 변화의 요인
7 참사를 둘러싼 교육적 문제

1
시작 인사말

면담자　본 구술증언은 4·16 사건에 대한 참여자들의 경험과 기억을 기록으로 남김으로써 이후 진상 규명 및 역사 기술에 기여하고자 합니다. 지금부터 김정윤 씨의 증언을 시작하겠습니다. 오늘은 2017년 3월 17일이며, 장소는 안산시 단원구 세승빌라입니다. 면담자는 이예성이며, 촬영자는 김솔입니다.

2
박근혜 대통령 탄핵에 대한 생각

면담자　지난주에 큰일이 있었잖아요. 저희가 원래 구술하려고 예정한 지난 금요일, 그때 있었던 일과 느낌을 말씀해 주세요.

건우 아빠　헌재[헌법재판소]에서 판결 나기로는 참 아쉬운 게 뭐냐면 세월호에 관련됐던 7시간, 거기에 대해서는 인정을 안 했잖아요. 제일 그게 아쉽더라고요. 근데 거기서도 청와대 압수 수색을 못 하다 보니까 거기에 대한 자료가 없잖아요. 헌재에서도 판단할 근거가 없으니까. 헌재에도 나름대로 7시간에 대해서는 두 분이 소수 의견 다뤄놓은 걸 보니까 공감은 가더라고요. 그러면서 제일 아쉬운 게 그거… 제일 아쉽더라고요.

면담자 탄핵 인용이 결정되는 날 어디에 계셨는지, 어떤 마음으로 가셨는지 좀 말씀해 주세요.

건우 아빠 그 현장 앞으로 가진 않았고요. 그때 사무실에서 인터넷으로 방송을 봤죠. 재판관이 쭉 읽어 내려가는데, 처음에는 내용이 좀 긴가민가하더라고요. 기각이 될 확률이 높다는 생각이 들었는데, 두 번째 넘어가서는 거기에 대한 반론을 제기하면서 얘기하다 보니까 제일 마지막에 판결 낼 때는 파면된다고 딱 그러는 결정을 하는 순간에, '아, 헌재에서 여덟 명 재판관도 판단하는 게 똑같구나, 우리랑' 이제 그런 생각을 갖고 있었죠. 처음에는 뭐 대통령이 세 명 지명해 놓은 거 있고, 대법원장이나 여야가 지명한 법관이 따로 있으니까 말들이 많았었잖아요. 보수적인 성향을 갖고 있는 재판관이 세 명이 있고 거기서 뭐 기각시킬 수 있다고 그런 얘기가 나왔었는데, 실제로 뚜껑을 열어보니까 그 정치적 성향이 아닌 실제적으로 박근혜가 한 행동, 그다음에 헌법에 위배됐는지 안 됐는지 그 법리적인 그 사실로 갖고만 따졌기 때문에 판결에 대해서는 만족하자고 우리는 그렇게 봤거든요.

면담자 네.

건우 아빠 아쉬운 거는 인제 7시간, 그거 하나만. 지금 검찰에서도 다 수사를 하니까 그 7시간에 대해서는 정확히 밝혀지길 한 번 더 기댈 해보는데, 그게 어떻게 될지 저희도 지켜봐야 될 거 같애요. 이번에도 검찰에서 청와대 압수 수색할는지 그건 모르겠는데, 하게 되면 세월호에 관련된 기록들 그걸 또 전부 다 검찰에다가 같이 수사를 할 수 있을는지, 아니면 대통령 지정 기록물이 되어가지고 아예 열어볼 수 없게끔 만들어놓을 수 있으니까 지금 우리도 그게 지금 제일 걱정이거든요. 그니까 지켜보고 있는데 어떻게 될지는 모르겠어요.

면담자 그날 기분이 어땠나요?

건우 아빠 한편으로는 기분이 완전히 저기 착잡하죠. 왜 우리 아이들 세월호에 관련된 7시간이 거기에 대해서 정확히 판결이 안 났고, 무엇을 감추기 위해서 그 청와대 압수 수색하는 데 뭐 때문에 계속 그걸 방해하고, 그다음에는 헌재에 나와서 진술도 거부하고 하는지 참 이해를 할 수가 없더라고요. 여지까지[여태껏] 박근혜라는 사람을 이해하려고 해본 적도 없지만, 그 사람이 하는 행동을 보면 참 뭐라고 해야 되나… 답이 없는 사람 같애요. 헌재 재판에 있는 변호사들 나가서 변론하는 거 보면 저게 참 박근혜 대통령이라는 사람을 위해서 변론을 하는 건지, 깽판을 놓자고 나와서 하는 건지 이해가 안 갈 때가 한두 번이 아니니까. 그런 걸 봤을 때는 도대체 뭐 하는 사람인지 모르겠더라고요. 분명히 국민들이 다 잘못했다고 했는데, 자기는 잘못한 거 없다고 하니까. 그럼 자기가 나와가지고 뭐가 잘못됐고, 잘못 안 된 거, 헌법에 뭐가 위배됐는지 조목조목 따져야 정상인데, 그냥 입 다물고 가만있고, 판결이 나도 가만있고. 그럼 자기가 대통령이라는 직무를 갖고 한 게 뭐냐 이거죠. 결론은 4년 동안 아무것도 한 게 없다는 거죠. 최순실에 의해서 허수아비 역할밖에 안 했다는 거. 결론은 그거예요.

박근혜라는 사람은 청와대에 열몇 살에 하여간 어린 나이부터 들어가 있었잖아요. 들어가 가지고 생활하다 보니까 육영수 여사 사망하시고 나서 인제 그 역할을 자기가 쭉 해왔잖아요. 자기가 청와대에서 나왔다가 국회의원 하다가 또다시 청와대로 들어갔잖아요. 쉽게 말하면 이 사람은 아무것도 모른다는 얘기예요. 막말로 해가지고 서민들이 어떻게 살아왔고, 어떻게 했는지 그걸 전혀 모른다는 얘기거든요. 그냥 선거 때 되면 나와가지고 유세 지원해 주고 결국은 박정희라는 지 아버지가 대통령을 했고, 대한민국 정치를 했기 때문에 거기에 대한 [향수가 있는] 60대 이상 그 사람들 외에는 자기를 알아주는 사람이 없거든요. 그러다 보니까 그 옛날 1960, 70년대 사고방식이 그대로 머릿속에 박혀 있는 거예요. 자기가 보고 배웠던 거, 아버지나 김기춘이가 했던 거 공작 정치, 전부 다 그런 거만 보고 배웠으니까 자기가 국정을 해도 전부 다 그런 것만 봤으니까 모든[어떤] 일이 나도 덮고, 공작 정치해서 국정원 동원해서 댓글 달고 그런 식으로 자꾸 무마를 하다 보니까. 그러면 이제 자기가 박정희 있을 때부터 최태민이하고 관계가 있다 보니까 최태민이가 이제 권력을 쥐어가지고선 그 딸내미한테 그대로 승계를 한 거 아네요. 최순실이 그대로 그걸 갖고 결국은 박근혜를 갖고 농단을 했다는 얘기죠. 그런 걸 보면 참 정치하는 사람들도 똑같다고 보는 거죠. 특히 새누리[당] 같은 경우는 핵심 멤버들이란 사람들이 그걸 몰랐다고 그렇게 발뺌을 하고 있는 걸 보면 참 똑같은 사람이라고 볼 수밖에 없죠.

지금도 주위에 몇 명 남아가지고 하는 얘기가 그거잖아요. 죄가 없고, 돈 받은 것도 없고, 그렇게까지 옹호를 하는 걸 보면… 참 권력이란 게 무섭긴 무서운 거예요. 정당의 주목적이 권력을 잡는 건데, 저런 식으로 권력을 잡고서 정치를 하면 결국은 다치는 건 국민밖에 없거든요. 알다시피 조선 시대나 고려 시대 보면 지네끼리 파끼리 뭉쳐서 자기들 생각하고 같지 않으면 어떻게든 역적으로 몰아가지고 전부 다 숙청을 하잖아요. 똑같은 거예요, 지금 하는 걸 보면. 지금 숙청한다는 건 조금 모순이 있겠는데 그 안에선 자기네들이 전부 다 찍어내잖아요. 다 똑같이 배우고 하니까, 이게 초선 의원들이 새로 와서 보고 배우는 게 그거밖에 안 되니까 그 자리에서 3선, 4선, 5선 가도 결국은 정치 형태가 똑같이 쳇바퀴 돌듯이 돌거든요. 보통 3선, 4선 되면 그래도 중진이잖아요. 그 사람들이 그걸 좀 잡고 새롭게 정치할 수 있는 구조를 변화시켜 줘야 되는데, 중진이란 사람들도 거기에 휩쓸려 가지고 당파하고 똑같은 거죠. '너 나랑 같은 정당 안에 있어도 너는 내 생각하고 달라', 자기는 위에 있는 사람 생각하고 같다고, 그러면 너는 '좌파다' 하고 밀어내 버리고, 지네 생각하고 다르면 다 '좌파', '빨갱이', '종북' 그쪽으로 밀어버리니까 참 어이가 없어요. 나 같은 경우도 작년 2월 달에 미국 갔다가 딱 들어오니까 간담회 자체가 '종북'으로 그냥 얘기가 나오더라고요. 그 신문에 나온 게, 아니, 가서 간담회 하고 아이들 얘기하고 뭐 하고 한 게 왜 종북이라는 건지 우리는 이해를 할 수가 없어요.

뉴욕에서도 세월호 자체가 워낙 이슈가 되다 보니까 대한민국에 살진 않지만 외국에 나가서 자기네들도 나름대로 열심히 생활하고 있고, 그다음에 가족들도 한국에 있다 보니까 그런 참사를 보고 거기에 대한 대응 그런 걸 보고 나니까 그 사람들도 울분과 분노를 참지 못하거든요. 우리가 만들고자 한 안전한 사회, 우리 밑에 있는 아이들이 다시는 이런 사고가 없이 안전한 사회에서 살 수 있게끔 하는 노력을 그 사람들 같이할 수 있는 거거든요. 그런 사람들하고 같이 가서 얘기하고 간담회 하고 했다고 종북으로 싸잡아 가지고 몰아붙이는 거 자체가, 정치에서 그렇게 나오고 언론을 통제하다 보니까, 언론도 말 안 들으면 폐간시켜 버리니까 그쪽으로 다 따라가는 거죠. 그러니까 정부에서 시키는 대로 받아 적고, 그냥 적어서 내보내는 그거부터도 잘못된 거고. 지금까지 대형 사고 흘러간 거 보면 제일 먼저 정부에서 언론통제를 해요. 언론통제를 해야지만 자기네들이 하고자 하는 의도대로 마무리를 할 수가 있으니까. 옛날에 한성호 침몰 사건[1973년 진도 앞바다 선박 침몰 사건]이나 사고나 보면 여기 정부에서 공무원들이 하고 있는 건 뭐냐? 거기에 대한 매뉴얼을 만들지 않았어요. 매뉴얼 자체가 없어요. 그러니까 똑같은 사고가 계속 일어나고, 우왕좌왕 돈으로 눌러놓고, 그걸로 대충 무마해 갖고 언론을 잠재우고 넘어가고. 성수대교 사고나 그런 게 계속 되풀이되는 걸 보면 똑같애요.

대교를 건설해도 거기에 대한 규정이 있는데 규정대로 안 하거든요. 왜? 회사는 회사대로 더 많이 남기려 그러다 보니까. 기록된 자재를 안 쓰고 들어가야 될 물량도 제대로 안 들어가고, 세월이 지나면 그게 인제 전부 다 사고로 이어지는 거거든요. 그러다 보니까 이제 그런 걸 전부 다 똑같이 되풀이가 되는 게 지금까지 계속 흘러온 거죠. 우리는 그거를 막기 위해서 지금, 물론 우리 아이들은 전부 다 잃었지만, 그다음에 똑같은 사고가 안 나게끔, 비슷한 사고라도 안 나게 하기 위해서 3년 동안 계속 싸워오면서 우리가 하는 게 뭐냐? 제일 큰 목적이 우리 애들이 왜 아무 이유도 없이 그렇게 그날 별이 됐는지 인제 밝혀내는 게 관건이지만, 그러니까 지금 활동하고 있는 게 전부 다 그렇게 복합적인 내용을 담고 있는 거죠. 그래서 거기에 대해 파생되는 게 인제 국회 들어가서 농성하고, 광화문 가서 농성하고, 청운동 가서 농성하고 하는 이유들이 전부 다 그거였거든요. 우리 아이들 문제도 있지만, 그 밑에 파생되는 안전한 사회를 만들기 위해서는, 물론 우리 아이들이 왜, 뭣 때문에 죽었는지 원인이 밝혀지면 그 원인에 따라서 매뉴얼을 만들 수 있고, 그다음에 매뉴얼 만들면 만약에 똑같은 사고가 났을 때 매뉴얼이 적용이 됐을 때, 최소한 애들이 사망하는 걸 전보다 막을 수 있다는 거죠. 그런 매뉴얼이 전부 다 대형 사고에는 하나도 없어요.

지금 빌딩도 고층이잖아요. 고층 같은 경우는 화재가 나버리면 그것도 똑같은 대형 사고잖아요. 거기는 매뉴얼이 없어요. 솔직히 얘기하면 거기도 매뉴얼도 없어. 무조건 높게 짓고 뭐 하고 하면 거기에 대한 대비책이나 매뉴얼이 있어야 되는데, 그건 전부 다 뒷전이야. 사고 나면 전부 다 손 놓고 쳐다보고 있는 거랑 똑같애. 우리 아이들도 세월호가 침몰하기 전에 해경 애들하고 그렇게 통화했고, 결국은 해경에서 와서 한 거는 손 놓고 구경만 했잖아요, 애들 하나도 구해내지 못하고. 그냥 배 가라앉는 거 구경만 했다는 얘기예요. 그런 거하고 전부 다 똑같거든요.

이제 결론은 국민하고 그다음 국회의원들하고 하물며 그런 걸 다 하나씩 하나씩 만들어야 되는데, 지네 생각하고 다르다고 해갖구선 안 맞다, 지네들 얘기하는데 안 따라온다, 전부 다 종북으로 몰아붙여 버리고, 좌파로 내몰고, 그 생각하는 자체가 이해를 할 수 없는 거예요. 물론 쉽게 말하면 똑같은 사물을 보는데 열 사람이 봐도 열 사람이 생각이 다 달라요. 열 사람이 생각이 다 다른데, 다 한 위치를 바라봤을 때 공통적인 부분을 찾아내서 그거를 다듬고 다음에 거기에 대한 매뉴얼도 만들고 하나부터 열까지 전부 다 돼야 되는데… 이 물건을 딱 바라봤을 때 한 다섯 명이 같은 생각을 하고 나머진 아니다 그러면 다섯 명을 다 배척해요. 같은 생각끼리 모여가지고 지네들끼리 논의하고 뭐 하고 다 처리를 해버리니까 자꾸 불신이 쌓이고, 대화가 안 되고, 소통이 안 되고.

다섯 사람들이 문제 제기를 하니까, 그러면 문제 제기를 하는 사람들은 쳐내야 되니까 벌써 온갖 방법과 수단을 동원해서 그 사람들을 이제 옭아매는 방법으로 그쪽으로 발달되다 보니까 지금도 그대로 적용이 되는 거죠. 우리가 특별법 만들 때도 그렇게 똑같은 형식이잖아요. 민주당하고 우리 협상해 가지고 특별법 초안 다 만들었을 때, 새누리가[새누리당이] 무조건 안 된다고 계속 방해를 하잖아. 그래서 결국은 우리가 반쪽을 받아요. 수사권, 기소권, 좋다 안 받는다. 그 대신에 특검은 언제든지 우리가 요구하면 주는 걸로 했죠. 그렇게 해서라도 우리가 특별법을 반쪽을 만들었는데, 결국엔 해수부가 그거를 시행령을 만드는 데 완전히 개판으로 만들어 버렸잖아요. 여기서 그 문제를 제기해도 전부 다 묵살시켜 버렸잖아요, 싹. 묵살시켜 버리고 지네가 저기 하는 대로 그냥 흘러가게끔 거기서도 타협이라는 자체가 없었잖아요. 왜? 임기 하나 갖고도 무조건 안 된다. 그거 시행령 해가지고 무조건 1월 1일부터다. 무슨 1월 1일부터냐, 이쪽에서는 수뇌부가 지금 위원장하고 그다음에 이제 일부 임명장 받은 게 그거로 하더라도 뒤로 넘어가야 되는데, 왜 기간이 왜 9월 30일이냐, 그거 갖고도 처음부터 싸움이, 얘기가 많이 나왔었잖아요. 그럼 결국은 뭐냐, 서로가 타협을 봐서 그다음에 인제 실무관들이 들어온 시점, 실무관들이 첫 월급을 탔을 때, 물론 앞에 자금이 안 내려오다 보니까 한꺼번에 앞에 몰아서 탔어요. 그러면 좋다 이거지, 그 사람들도 공친 거고 하니까. 그러면 그 사람들이 이제 모집하는 기간이 있고, 뭐 하다 보면 실질적으로 일을 안 했잖아요. 그럼 일을 한 시간부터 따지든지, 아니면 임명장을 수여받은 날로부터 따지든지, 무조건 특별법이 만들어졌다고 1월 1일부터 그건 아니거든요.

그런 게 똑같은 거예요. 계속 그 앞에서부터 그렇게 흘러갔기 때문에 지네 유리한 쪽으로 무조건 밀어붙이고, 아니면 자금줄을 아예 차단시켜 가지고 아예 꼼짝 못하게 만들어버리고. 그다음에 인원 파견을 해줘야 되는데 파견을 안 해줘버리고 그런 식으로 자꾸 방해 공작하고, 아니면 언론을 이용해 갖구선 자꾸 이제 말도 안 되는 소리 자꾸 흘려 내보내고 계속 정부에선 그런 작업을 한 거죠. 그러니까 우리는 그거하고도 싸우고, 우리 나름대로 또 외부에 정확히 이 세월호란 참사가 왜 일어났고 지금까지 어떻게 흘러왔고 하는 걸 정확히 알리기 위해서는 밖으로 또 서명받으러 다니고 부모님들 많이 하셨거든요. 왜 방송에서 나오는 거 보면 모든 게 잘되어 가고 있어요. 근데 실제적으로 되는 게 아무것도 없거든요? 계속 정부에서 방해만 하고 있지, 뭐 되는 건 없지. 청문회도 1, 2, 3차 할 때도 보시면 알겠지만 나와가지고 하는 게 전부 다 "모르겠다", "기억 안 난다" 그거 해수부에서 이렇게 대응해라, 특조위 이렇게 대응해라, 저렇게 대응해라 그런 문건을 만들어가지고 전부 다 나눠주고, 국회의원 동원해 가지고 전부 다 입 맞춰가지고 자료도 넘겨주지도 않아. 순 그런 식으로 계속 지금까지 그렇게 해온 거죠. 그러니까 해수부가 골 때리는 게 그거예요. 우리하고는 "상의하겠다, 뭐든 일을 할 때마다 상의하겠다" 이 프로젝트를 하는데 그걸 먼저 우리하고 상의해 갖고 문제점하고 이렇게 해갖고 얘기를, 상의하겠다고 하는데 실제로는 그 프로젝트를 지네가 먼저 해봐야 돼요. 하고 나서 뭐 하루 전날이나 이틀 전에 언론에서 터져 나와. 아니면 이제 우리 아는 언론들이 얘기를 해줘요. 그럼 확인해. 그럼 벌써 다 끝났어, 그 프로젝트가.

그럼 거기에다가 대놓고 우리는 하지 말라고 얘기를 했는데, 지네는 해버렸으니까 거기에 대한 거는 더 이상 얘길 못하는 거죠. 그거 갖고도 청문회 할 때 특조위에서 그만큼 해수부 애들 까고 그랬는데 나와서 한다는 얘기가 간단해, "생각해 보겠다". 그러면 그 부분에 대해서 논의해 보고 협조하는 거로 가겠다. 그런 식으로 끝나는 거거든. 항상 그런 식이다 보니까 뭔 조사를 하고 싶어도 조사가 안 되는 거죠. 증인들 조사를 한다고 부른다 그러면 안 나와. 나가가지고 조사받으라 그래도 안 나와. 자료 내놓으라 그래도 자료 안 줘. 그런 식으로 계속 지금까지 흘러온 거고, 이 세월호 자체가 그럼 뭐가 있기 때문에 이렇게 숨기고 덮으려고 하는지. 원자력 핵 찌꺼기 그걸 세월호에 실었냐 그것도 아니고, 그럼 도대체 그 안에 뭐가 있길래 이 난리를 피우냐. 우리가 여러 가지 머릿속에 이러이런 생각 다 나는 거예요. 15일부터 박근혜는 청와대에 없었단 얘기도 있고, 15일 날 없고 16일 날 아마 아침에 왔을 거다 그런 얘기도 나오고. 우리도 그때 그런 생각도 했었어요. 지금 거기에 대해서 박근혜 행적이 15일부터 16일 사고 난 아침 10시까지, 행적이 없어요. 그 보통 4월 16일 날 얘기하는데, 우리는 4월 15일부터 봐야 돼요. 4월 15일 저녁부터 청와대에 없었어요. 청와대에 없다는 얘기예요.

그래 갖고 4월 16일 날 처음에 참사가 나고 나서 일본 기자가 취재한 게 있었잖아요. 그게 결국 무죄를 받았지만, 우리도 그 일본 기자가 취재한 거를 생각해 보면 4월 15일 날 저녁부터 청와대에 없을 수가 있다는 거예요. 왜냐면 지금 박근혜 얼굴 사진 보면 필러 뭐 주사 자국 있고 뭐 하잖아요. 그 아침에 4월 16일 날 오전부터 얘기가 나오면 관저에 있었다 뭐 했다 하는데, 거기에 이제 퍼즐을 집어넣고 맞추다 보면 4월 15일부터 얘가 어디 가 있었냐라는 의문점이 생겨요. 퀘스천 마크[의문점]가 생겨요. 그래서 오전에 제대로 사고 보고 못 받고 저기 하고, 대응을 제때… 그렇게 된 거 같다는 생각도 들기도 해요. 외국 같은 경우는 대형 사고가 났다, 대통령이 휴가를 갔다, 아니면 외국에 순방을 갔다, 보고받은 즉시 모든 일정 다 취소하고 청와대로, 아니 자기 집무실로 돌아가잖아요. 돌아가면서 관할 도지사나 주지사나 그 사람을 책임자로 놓고 모든 매뉴얼대로 다 움직이잖아요, 싹. 근데 우리나라는 그게 안 돼요. 세월호가 진도에서 사고가 났으면 전라도지사가 아예 책임자로 들어와야 되고, 그러면 도지사가 책임자로 해가지고 모든 해경, 그다음에 구조 세력이 전부 다 그 밑으로 들어와서 도지사 명령에 따라서 쫙쫙쫙쫙 매뉴얼에 따라서 움직여야 되는데, 아무것도 없잖아요. 누가 구조 세력인지도 저기 하고, 그 큰 배가 넘어간다 그러니까 딸랑 123정 한 척이 와가지고 거기 타고 있던 승객들 다 구한다고 오는 거 보면 도대체 뭐 하는 건지 모르겠어요.

3
지난 유가족 활동 회고

면담자 건우 장례를 치르고 안산에 돌아와서 2014년 5월부터 가족들이 어떤 식으로 모이고 활동했는지 아버님이 목격하고 참여한 활동에 대해서 구체적으로 설명해 주실 수 있을까요?

건우 아빠 네. 한 5분만 쉬었다가.

(잠시 중단)

면담자 이어서 쭉 말씀해 주시면 조금 더 궁금한 건 따로 여쭤볼게요. 시작하겠습니다.

건우 아빠 4월 20일 날 이제 건우를 찾아갖고 올라와서 장례를 치르고 나서, 처음엔 5월 첫째 주에 어린이날 아마 연휴였을 거예요. 저녁에 안산에서 진도로 내려가는데 뉴스가 나오더라고요. 저는 아이를 찾아가지고 장례를 치르고 나서 밑에 아직까지 남아 있는 아이들… 아침에 출근하는데 그 뉴스가 나오더라고요. 집사람이 그러더라고요. 뭐 연락받은 거 있냐고. “아니, 연락받은 거 없다” 그랬더니 “저 사람들은 어떻게 알고 저기 다 내려가느냐” 그러면서 집사람이 작은아들 친구 엄마한테 전화를 한 거예요. 그래 갖고 물어봤는데 거 찾았냐고, 아직 못 찾았다고 그러면서 어떻게 연락하는 방법을 물어보니까, 그때 카톡을 하는 방법을 얘기해 주더라고요. 우리가 반 대표한테 얘기를 하면 거기 이제 카톡을 초대하면 들어가서 내용이 공유가 된다고 하더라고요.

면담자 그게 반별 카톡이죠?

건우 아빠 네, 그게 인제 반별 카톡방이에요. 그래 갖고 집사람이 다시 반 대표한테 전화를 했더니, 안산에 반 대표가 따로 있다고 그러더라고요. 팽목에 또 있고, 안산에 인제 올라오면 반별 톡이 따로 있는 거죠.

면담자 당시에 반별로 대표가 두 분 계셨던 거네요?

건우 아빠 네. 그러니까 팽목에선 아직 못 나오고 있고, 거기 인제 서로 소통을 해야 되니까. 여기서는 여기 나름대로 또 소통을 해야 되고 하니까. 그래 갖구선 카톡에 가입을 하고 일요일마다 총회를 한다고 하더라고요. 인제 가보니까 그래도 나오시는 분들이 상당히 많으니까 거기서도 임원들 뽑는데 우왕좌왕하고. 거기도 뭐 솔직히 아까도 말씀드렸다시피 직장생활 하다가 가정생활 하고 그다음에 이런 참사가 있어 갖고, 이게 뭐 계속 몇 번씩 일어나는 게 아니다 보니까 우왕좌왕하고, 서로 큰 소리 오가고 그런 실랑이도 있고… 안산에서 나름대로 체제를 갖춘다고 한 거거든요. 그러면 총회 거기서 반 대표들이 회의 들어가서 나온 사항들, 그다음에 우리가 여기서 해야 될 거, 밑에 아직까지 아이들이 안 나왔으니까 어떻게 해줘야 되나 그런 게 주로 오고 가고 회의를 많이 하다 보니까 실질적으로 지금 안산에서 올라와 가지고, 그때 당시에는 다들 직장을 휴직을 하셨잖아요. 이제 어떻게 생활을 해야 되냐 그런 얘기가 많이 나오고. 저희가 안산시 공무원들하고 미팅을 하고 재해 지역으로 선포가 됐잖아요, 안산시하고 시흥시하고. 그러면 경기도청하고 서울 저기 중앙대책본부하고 해갖고 그때부터 휴직하고 있는 부모들 어떻게 연기하고 그다음에 언제까지 뭘 해주고 정부에서 지원해 주는 거, 안산시에서 지원해 주는 거, 주로 처음엔 그런 걸 많이 했어요.

그다음에 밑에 팽목에서는 그 지역을 어떻게 해줄 거냐. 거기에 대한 논의도 하고 그래 갖고 수시로 인제 내려갔다 올라왔다 많이 했죠. 거기에 구조할 방법, 대응 방식 그런 거 인제 전부 확인하고, 그다음에 뭐가 잘못됐고 뭐가 맞는지 그런 거 계속 요구하는 식으로 처음에는 많이 진행이 됐어요. 그러다 보니까 밑에서도 어느 정도 아이들 막 올라오고 위에서 정리가 되고. 계속 수색해서 8, 9명, 12명, 15명 그 정도 남아 있을 때 안산에서는 모든 게 어느 정도 정리가 돼가는 상태고, 밑에는 밑에 대로 저기를 하고 인제 그러다 보니까 보상금이 10억이다 20억이다 나오고, 막 그런 게 터져 나오기 시작하는 거죠.

면담자 언론의 문제….

건우 아빠 네. MBC에선 사고 나자마자 며칠 만에 보상금에 대해서 지네가 뉴스에 내보냈죠. 그때 12억이든가 10억인가 해가지고 내보낸 거죠. 자꾸 이제 그렇게 되다 보니까 여기서 활동하는 분이 의사자부터 시작해서 아이들 특혜 문제, 보상 문제 그게 막 대두가 되면서 유언비어들이 많이 나오죠. 뭐 아이들 시체 팔아서 장사하는 거 얘기 나오고. 그다음에 민간 잠수원[잠수사]이 들어가면 아이들 하나 구조해 갖고 나오는 데 100만 원이든 200만 원이든 이제 식으로 나오고 그러다 보니까. 안산에서는 그걸 대응하자 그래 갖고 결국에는 KBS에서 보도가 나온 게 커져버린 거죠. 그날 저녁에 전부 다 아이들 영정 사진을 들고 KBS로 갔어요. 가는 와중에서도 그 KBS 앞에 전부 다 경찰 병력이 깔려 있고, KBS 앞에는 못 들어가게 완전히 바리케이드 다 쳐놓고. 보도국장 나오라 그래도 안 나오고, 사장 나오라 그래도 안 나오고. 나중엔 거기서 진짜 몸싸움하고 그 안에 치고 들어가려고 하다가 거기 인제 KBS 주차장이었는데 전부 다 앉아가지고 부모들 오열하고… 영정 사진 들고.

거기서도 안 되니까 결국은 아침에 청와대로 갔어요. 청와대로 갔는데, 그게 청와대로 간 데가 청운동 동사무소[주민센터] 그쪽이죠? 거기서 완전히 다 막아버린 거죠. 거기서 인제 앉아서 농성하고 있으니까 결국은 거기서도 인제 보도 자료 나온 게, 민경욱이가 하는 얘기가 거기는 전부 다 유가족인데, 거기엔 "순수한 유가족만 있는 게 아니다", 그러니까 "불순 세력들이 같이 인제 들어와 있다" 이거죠. 말이 안 되는 게 뭐냐면 부모들이 전부 다 아이들 영정 사진을 안고 있는데, 거기에 외부 세력이 누가 들어오겠냐고요. 거기에 일반 사람들이 못 들어오는 자린데. 그러고 나서 하는 얘기가 "순수한 민간인들만 있으면 대통령이 만나주겠다" 그래서, 그때 당시 임원들이 결성이 돼 있으니까 임원들이 다 들어간 거죠. 임원들이 나중에 얘기하러 들어가요. 이제 임원들이 들어가서 박근혜 만나고 다 했죠.

면담자 임원들이 몇 분 정도였어요?

건우 아빠 그때 인제 반 대표 10명이고, 위원장하고 대변인하고 처음엔 그렇게 되어 있고, 그다음에 분과장들, 그러니까 한 20명 있었죠.

면담자 아버님은?

건우 아빠 그때는 저는 아무것도 아니었고요. 처음엔 유언비어 때문에 부모들이 많이 속상해했고, 실질적으로 그랬어요. 그런 유언비어 때문에 저희 모친이 인제 서울에 살고 계시는데, 한 날은 하시는 말씀이 그거더라고요. 누가 손주 때문에 팔자 피게 생겼다고 그런 얘기를 하드래요, 모친한테. 그러니까 모친이 하도 열이 받아가지고 "니 새끼 그럼 물에다 빠뜨려 놓고 똑같이 돈 받아 가라, 줄 테니까 다 가져가" 그렇게 말씀하셨다고 그러더라고요. 그때 초기에는 엄청나게 유언비어가 그렇게 저기된 거죠.

면담자 그게 한 5, 6월?

건우 아빠 네, 그때 엄청. 당시에 형제자매들 대학 특혜 나오고, 그다음에 의사자 그런 거 얘기 나오고. 그건 우리가 한 얘기가 아니에요. 그 얘기를 꺼낸 게 누구냐면, 그 새누리당 안산 단원구

갑인가 그 김명연 국회의원이 와갖고 지네가 우리한테 얘기를 한 거예요, 내용 자체를 다. 의사자부터 시작해서 그다음에 형제자매 특혜 전부 거기서 나온 얘기에요. 언론에서는 우리가 얘기한 걸로 그렇게 해갖고 전부 다 나간 거죠, 뉴스고 뭐고 다. 그러니까 우리는 어이가 없는 거죠. 지네들이 와서 우리한테 해주겠다고 해놓고서는 거꾸로 우리가 자기네한테 얘기했다는 식으로 언론에 만들어서 내보내고 하니까, 문제가 생긴 게 그거죠. 참 어이가 없는 게 의사자에 대해서 한번 알아봤어요, 개인들 해주겠다고 하니까. 알아봤는데 실제적으로는 의사자 되기가 힘들어요. 250명이라는 아이들이 그 안에서 전부 다 서로 도왔을 거 아니에요. 서로 막 살려고 구명조끼 없으면 구명조끼 갖다주고, 그다음에 자기네들도 나름대로는 살아남을 방법을 강구했을 거 아니에요. 서로 인제 다친 애들 도와주고 했을 텐데, 250명이 살아남은 애들이 없어요. 누가 그거를 보고 증언을 해줘야 되는데, 그거 해줄 사람이 없는 거예요. 그러니까 그거는 방법이 없는 거예요. 안 되는 거예요. 안 되는 거를 무슨 방법으로 해주겠다고 그런 건지, 자기네들 나름대로 선심을 쓰는 것처럼 해가지고 그런 식으로 계속 저길 한 거죠.

그러니까 계속 그런 오보가 나오고 정확한 그런 뉴스가 안 나오다 보니까, 밖에 나가든 뭘 하든 보면 180도 이상한 얘기가 자꾸 들리니까 결국은 "제대로 알리자" 그래 갖고 시민 단체들하고 얘기를 한 게 보면 "전국 투어를 해서 이 참사에 대해서 제대로 시민들 이해를 시키자" 그래 갖구선 전국에 있는 세월호 시민 단체들하고 연계를 인제 한 거예요. 우리가 돌아가면서 1반부터 10반까지 막 섭외가 들어오잖아요. 광주에서 들어오고, 전주에서 들어오고, 그걸 전부 다 계획을 해가지고 대표들한테 참가할 수 있는 인원 취합해 갖고 버스 대절해 갖고 인제 내려간 거죠. 가서 제대로 서명받고, 시민 단체들하고 간담회 하면서 모르는 거 가르쳐주고, 서로 대화를 하면서 많이 풀어가고 이제 계속한 거죠. 그러고 나서 같은 광주래도 세월호 참가하는 분들이 많잖아요. 다른 분들이 연락오면 또 내려가고, 인제 그런 식으로 해가지고 서명을 계속 받은 거죠. 서명을 전부 다 받아갖고 그거를 국회에다 우리가 전달을 했죠.

그다음에 진행되는 게 특별법. 인제 세월호 참사가 났으니까 이걸 어떻게 해야 되는지 원인 조사를 해야 될 거 아니냐 그러면서 국회의원들하고 특별법 제정하자[고 하게 된 거고]. 그 특별법은 계속 초안 나오는 거 와서 보고 그러면서 최후의 방법은 국회로 들어간 방법이거든요. 국회 들어가서 인제 농성을 하기 시작하고, 계속 특별법에 대해서 하고, 밖에서는 완전 상주를 하는 거죠. 국회에 상주하면서 안산에 볼일 있으면 갔다가 또 들어오고. 거기서도 뭐냐면 이 시민들하고 소통은 해야 되니까 간담회는 계속하고, 여기 인제 국회 들어온 사람들 따로 있고, 안산에서 있는 분들은 계속 새 현장으로 움직여 가면서 고게 특별법 제정으로 서명받는 게[걸로] 바뀐 거죠. 그러면서 그게 같이 연결되는 거죠. 세월호 참사를 이해하는 동시에 특별법 제정이 연계가 된 거죠, 간담회 자체가.

특별법 제정 초안 나오면 거기서 주로 많이 물어보는 게 왜냐면 "그게 왜 들어가냐?" 새누리[당]에서 발의한 거, 그다음에 민주당에서 발의한 거, 다들 발의한 게 들어가 있으니까 그걸 물어보는 거죠.

면담자 간담회에서요?

건우 아빠 네. "의사자 이런 거 어떻게 되는 거냐?" 그러면 아까도 얘기했듯이 "우리가 얘기한 거 아니다, 이거 봐라, 발의한 게 누구냐? 이 사람들이 우리한테 얘기한 거지, 우리가 이거 해달라고 한 일이 없다" 하다 보니까, 보상 얘기가 또 나오면 "많게는 20억, 10억 그거 누가 얘기했냐? 그거 우리가 먼저 얘기했냐? 최초에 보상도 MBC에서 보도한 거 아니냐, 걔네들 근거가 어디냐?"[라고 물어보는 거죠, 그러면 저희가] "애들 말은 맞다. 사고가 났을 때, 호프만 방식으로 계산하는 건 맞다. 그렇다고 우리가 일일이 다 계산해 갖고 보상금 얘기 안 했다. 그건 MBC가 지네들 나름대로 얘기한 거 아니냐?" 그런 식으로 인제 잘못된 거 하나씩 하나씩 얘기해 주고 하면서, 특별법 그걸로 이제 얘기를 많이 했죠.

면담자 아버님은 간담회와 국회 중에서 주로 어디에 가셨나요?

건우 아빠 제가 인제 반 대표를 실질적으로 7월부터 맡았어요.

면담자 2014년도에요?

건우 아빠 네, 2014년 7월 달에 맡았어요. 그게 왜 그렇게 내가 맡게 됐냐면 참사가 나고 나서 그 아이들, 건우 올라오고 장례 치르고 뭐 하는 사이에 누가 회사로 찾아왔다고 하더라고요. 우리 사장 만나자고 그런 모양이더라고요.

면담자 아버님 회사 사장을 만나자고요?

건우 아빠 네. 누구냐고 물어봐도 어디서 왔다는 얘기는 안 하고 계속 사장만 찾더래요. 사장하고 얘기하고 나서 그 밑에 있는 애들은 별생각을 안 한 거죠. 근데 내가 이제 사무실을 가니까 분위기가 이상한 거예요. 뭐라 그럴까, 딱 들어가도 느낌이 그런 게 와 닿더라고요. 일주일 동안 봤는데 똑같애. 근데 실장이 자꾸 트집을 잡더라고요. 그래 갖구 여직원이랑 차장한테 물어봤어요. 뭐 어떻게 된 거냐고, 왜 분위기가 이러냐고. 처음엔 차장도 얘기 안 하다가 나중에 인제 저녁때 술 한잔하자 그래 갖고 마시는데, 경찰서에서 사람이 왔다 갔다고 하더라고요. 뭐 하는데 경찰서 사람이 정보과에서 왔다고, 여러 가지 물었다고 하더라고요. 안에선 뭔 얘기하는지는 모르는 거죠. 그다음부터 인제 실장이 사장 와이픈데, 계속 말도 안 되는 거로 꼬투리 잡는 거예요. 분명히 그 전날 내가 아침에 병원 들렀다가 온다고 얘기를 했는데, 그걸 완전히 꼬투릴 잡은 거죠. 자기한테 얘기도 없이 "니 맘대로 병원 가냐?" 그러니까 이제 밑에 여직원들이 내 편을 든 거죠. "아니, 어제 분명히 얘기했지 않았냐. 김 차장님 얘기한 거 아니냐. 아침에 분명히 병원 들렀다고 온다고 했는데, 그래 갖고 실장님이 그러라 그런 거 아니냐. 근데 왜 지금 와갖고 못 들었다 얘길 하느냐, 사람이 뭐가 되냐" 직원들이 그래 버리니까 얼굴빛이 바뀌면서 그냥 사장실로 들어가더라고요.

나는 이제 오후에 인천 창고에 볼일이 있어서 갔는데, 이제 전화가 왔더라고요. 거기 있으라고, 가지 말고 있으라고… 사장한테. 와서 하는 얘기가 실장이 너랑, 김 차장이랑 같이 일 못 하겠다고 내보내라고 그랬다고 하더라고요. 뭐 때문이냐고 물어보니까 그건 사장이 얘길 안 하더라고요. 그래서 회사를 그만두고, 그때 당시 우리 반 대표가 허리에 이상이 생겨갖고 수술을 해야 됐어요. 그래서 나랑 인제 교체가 된 거죠. 그때부터 내가 분향소 가족회의를 가서 하게 된 거죠. 당시 내가 반 대표를 맡을 때부터 그쪽은 국회 쪽으로 많이 움직였거든요. 국회 들어가서 특별법 때문에 많이 싸우고, 그러면서 반쪽 특별법을 얻어낸 거죠. 국회에 있으면서 박근혜가 그때 하루 왔을 때도 뻔뻔하긴 진짜 뻔뻔해요. 부모, 엄마들이 거기 다 있고 양쪽 그 들어가는 입구 있잖아요. 전부 다 서갖고 울면서 그렇게 얘기를 하는데도 참 눈길을 한 번 안 주더라고요. 옆에 누구였지? 누구랑 한참 얘기했지? 웃으면서 들어가더라고요. 그래도 이 나라 수장인 대통령이란 사람이 엄마들 울부짖고 있는데 웃으면서 들어가면 분위기가 될까? 나오면서 또 눈길 한 번 안 줘요. 그렇게 국회에서 농성을 하면서 청와대, 광화문 분향소를 만들게 된 계기가 그거죠. 국회에 딱 오니까 광화문에도 우리가 쓸 수 있는 명분을 만들자. 그래서 생각을 한 게 '광화문에다 분향소를 만들면 어떠냐' 해서 서울시에 협의를 봐서 분향소를 설치하겠다.

서울시에서도 처음엔 반대를 많이 했죠. 근데 박원순 시장이 많이 도와줬어요, 뒤에서. 그래서 분향소를 설치해 놓고 우리가 국회에서 단식을 했잖아요. 단식을 하는 날, "국회에서 하고 그다음에 광화문에서도 하자" 그래 갖고 인제 위원장하고 몇 명이 빠져나가 광화문에 앉아가지고 단식을 한 거죠. 그래서 광화문에 거점을 만들 수 있는 계기가 된 거죠. 광화문에는 그늘이란 게 없잖아요. 완전히 그대로 햇빛을 다 내리받잖아요. "천막이라도 우리가 햇빛을 가리게끔 쳐놔라" 그래 갖고 그것도 인제 실랑이가 됐죠. 결국은 박원순 시장이 뒤에서 많이 도와줬죠. 그래 갖고 처음에는 그늘막을 친다고 그 명목하에 이렇게 그걸 하면서 그 뒤에 천막이 하나씩 하나씩 생긴 거죠. 왜냐면 우리가 인제 국회도 단식한다고 하니까 사람이 점점 늘어나요. 그러니까 이제 뒤에 천막이 하나씩 하나씩 늘어나는 거죠. 거기 그러니까 세워놓는 거죠. 그래서 광화문 인제 거점이 마련됐고.

청운동 동사무소[주민센터]도 마찬가지예요. 그러니까 인제 단식을 하면서 거기에 민원을 넣는다고, 한 사람씩 두 사람이나 세 사람씩 들어가 가지고 민원을 넣는다는 명목하에 그 청운동 동사무소에 주저앉아 버린 거예요. 그래서 거기에 또 하나 생기고, 세 군데가 생긴 거죠. 결국엔 국회를 압박하면서 청운동이나 광화문 같은 거점을 확보하면서 시민들하고 많이 대화를 가질 수 있는 교통로를 만들어놓는 거죠. 어차피 국회는 우리 이외에는 못 들어오거든요. 들어갈 수 있는 사람이 안 되다 보니까 그러면 거점이 인제 광화문, 시민 단체들이 우리 전부 다 광화문에 있다가 나중엔 거기서 한두 사람은 국회로 들어올 수 있으니까, 많이는 못 들어와도 시민 단체는 인제 들어오고 막 그러니까 거기서 기자들하고 모든 거는 이제 국회에서 회의를 해서 결정이 나면 인제 광화문 쪽으로 저기를 하고, 그런 식으로 계속 농성을 한 거죠. 그래서 제일 먼저 청운동 동사무소를 정리하고 저기를.

면담자　　아버님, 어머님 두 분 다 활동하셨어요?

건우 아빠　　아니요, 저만 했어요. 집사람은 아예 활동을 안 하니까.

면담자　　혹시 건우 친구 어머님이랑만 소통을 하시나요?

건우 아빠　　그거는 뭐냐면 걔도 이제, 걔는 분향소에 같이 있거든요. 그러니까 밖에서는 저녁을 같이 따로, 그러니까 따로 만나갖고 저녁 먹는 그런 건 하는데, 활동 같은 거는 그 집도 마찬가지예요. 그 집도 활동 안 해요.

면담자　　그런 친구랑 개인적으로.

건우 아빠　　네.

4
유가족 활동의 정치적 관계

면담자 아버님이 가정뿐만 아니라 이 가족공동체에서도 큰 역할을 하시는데, 어머님은 이 부분에 대해서 어떻게 생각하세요?

건우 아빠 집사람은 내가 그거 하겠다고 하니까 하라고만 얘기하고 저기 하더라고요. 그러니까 인제 우리 반 부모들하고 소통 다리만 연결해 주는 거지, 그다음에 참여할 사람 참여하고 그거만 해 주는 거고. 1주기 때 제일 저기 했죠. 왜 일이 그렇게 커졌냐 그러면, 시청 앞에 전부 다 시민들이랑 천막 치고 했어요. 어차피 광화문에 분향소가 있잖아요. 그러니까 언론은[언론보도와] 얘기가 다른 거는 시민들이 거 앞까지 걸어서 행진을 해서 거기서 헌화를 하는 걸로 얘기가 다 끝났는데, 문제는 뭐냐. 우리가 제일 앞에 서고, 그다음에 시민들이 서기로 돼 있었는데 그게 쪼끔 바뀐 게 뭐냐면 그때 당시 세월호광장, 그 있던 [곳에서] 제일 먼저 우리가 행진을 하고 나가기로 하고, 워낙 사람들이 워낙 많다 보니까 이 깃발 부대들이 먼저 빠져나갔어요. 문제는 거기서 시민들하고 우리하고 막 뒤섞였죠. 근데 그 앞에 사거리 가면 차 벽이 다 쳐져버린 거예요, 싹. 우리도 들어가는데 못 들어가게 막고 그때 하여간 일이 이상하게 돼가지고 서로 몸싸움이 시작이 된 거죠. 그다음에 밀고 땡기고 그러면서 막 과격하게 변한 거죠. 시민들이 헌화하러 가는데 왜 막냐고. 가족들은 가족대로 이쪽으로 떨어져 있고 저쪽으로 떨어져 있고 뭐 그러다 보니까 들어오지도 못하고 나가지도 못하고, 완전히 차 벽에다가 뭐 경찰에서 병력에 전부 다 막혀 있으니까.

결국은 다시 얘기해 가지고 "가족들이라도 들어오게 해줘라". 가족들이 노란 잠바를 입고 있잖아요. 노란 잠바를 입고, 얘기를 하면 걔네들은 확인을 하고 길을 우리 가족들만 열어준 거예요. 그래 갖고 가족들 들어가고… 그러고 시민들 먼저 와 있던 분들하고 해갖고, 그날도 비가 많이 왔지. 그러다 보니까 그 안이 뭐 그렇게 되니까 막 실랑이하고 몸싸움하고 그러면서 그날 추모식이 새벽 3시에 끝났을 거예요. 나중에 또 인사동 해가지고 돌아오신 분들도 있고 그러다 보니까 비 다 맞고, 추모식 3시에 끝나고, 그렇게 늦게까지. 그러고 나서 인제 5월 1일 날, 노동절 날, 그때 인제 대규모 집회가 있었죠. 그때도 똑같애요. 얘네들은 그때 당시에도 거기에 모인 시민들이 내용을 정확히 아는 사람들이에요. 왜 우리가 간담회 하고 뭐 하고 전부 다 해서 이 사람들도 나름대로 정확히 알고 있고, 그럼 정부에서 해줘야 될 건 해줘야 되는 거 아니냐. 자꾸 이렇게 우리한테 얘길 하고, 그분들 와서 이제 아이들 영정 사진 보고 헌화하고 그러다 보니까 인제 같은 근로자, 노동자 단체들하고 쉽게 말하면 생각이 같은 사람이 안에 모이는 거잖아요. 이제 그분들이 그러면 "책임자 처벌하고 다 해야 되는 거 아니냐. 청와대로 올라간다" 그러면서 인제 차 벽이 세워지고 그러다 보니까 거기서 몸싸움 나고 점점 커진 거죠. 거기에 우리만 있는 게 아니라 따로 파생된 문제점 있는 시민 단체들이 많잖아. 농민은 농민대로의 문제점, 그다음에 건설은 건설대로의 노동자들의 문제점, 인제 그런 분들이 전부 다 모이다 보니까, 그러면서 워낙 세월호가 크다 보니까 세월호를 앞에다 놓고 자기네는 각자 문제점을… 뒤에 있는 거지.

그러니까 세월호를 해결하기 위해서는 자기네들도 여기 지금 들어와서 같이 대응을 하는 그런 식인데, 이제 정치적으로 완전히 휩싸여 버리니까. 처음부터 우리가 우려했던 건 그거거든요. 세월호 참사는 정치적으로 움직이면 안 된다. 우리는 우리대로 문제점을 갖고 가는 거지, 시민 단체하고 우리끼리… 우리가 유가족끼리 문제 해결 못 한다. 쉽게 말하면 삼풍백화점, 성수대교 그 무너진 거하고 그다음 대구지하철 참사하고, 대구지하철 가스 폭발 저기 있잖아요. 거기 봐도 유가족끼리만 하다 보니까 전부 다 깨졌잖아요. 대구지하철 화재 사고 같은 경우는 화재 나고 그다음 날 전부 다 물청소 싹 해버렸잖아요. 가족 힘으로만 할 수 있는 게 딱 한정이 되어 있거든요. 그러니까 우리는 이 세월호를 통해가지고 시민단체들하고 우리 나름 저기를 하는 거지, 정치적으로 엮이면 안 된다는 거를 처음부터 얘기를 했었어요.

근데 결론은 이게 우리 의지대로 되는 게 아니라 정치꾼들이 전부 다 들어와 가지곤 지네들이 해결하겠다 하다 보니까 이게 그냥 정치권으로 흘러들어 가는 거예요, 그냥 그대로 그냥. 그러니까 새누리 와서 지네들이 특별법 개정안도 이거 집어넣고, 저거 집어넣고 이렇게 하겠다. 그러다 보니까 인제 특별법 만들 때 보면 새누리 애들 되니 안 되니 하나부터 또 걸고넘어지는 거죠. 지네가 얘기하는 거는 이걸 해달라고 우리가 언제 얘기했냐고. 안에 국회 들어가 갖고도 뭐 원내 대표들 앉아 있고 이거 우리가 얘기한 거냐고, 당신네들이 얘기한 거 아니냐. 우리가 들어가서 얘기한 게 당신네들이 얘기해 갖고 이렇게 만들어놓은 거 아니냐. 그거 갖고 왜 우리가 만들었다고 그러냐고, 되니 안 되니 왜 따지냐고 그러니까 하나부터 열까지 전부 다 그런 거 가지고 실랑이하는 거예요.

그러다 보니까 민간인이 왜 수사권을 갖고, 기소권을 왜 갖냐. 대한민국에 그런 특별법 그게 어디 있냐. 그러면 그거 안 받고 어떻게 수사를 하고 저기도 하냐. 그다음에 우리가 수사하는 데 필요한 거는 자료를 전부 다 받아놓고, 그 사람들이 잘못했을 때는 저거를 해야 되는 거 아니냐. 걔네들은 안 된다는 거예요. 민간인이 그걸 왜 해야 되는 거냐고 그런 식으로 계속 물고 늘어지는 거고, 그러다 보니까 인제 결정안이 나온 게 그거죠. 그거 다 빼고 할 수 있는 건 특별법 특별검사 제도. 우리가 언제든지 원하면 10배든 20배든 오케이 해주는 거죠. 결국은 그것도 나중에 그거 한다 그러니까 못 하게 막아버리잖아요. 이유가 뭐냐니까 지네들도 그냥 원내 대표 구성 임원진이 바뀌었다, 그러니까 그 앞에 전부 다 3당에서 대표들이 사인한 거를 임원진들이 바뀌었다고 그게 안 된다고. 안 된다[는] 그 말이 안 되는 거예요. 어불성설인 거예요. 걔네들은 그니까 뭐 앞에서 뭐 사인한 걸 얘기를 하고, 오케이 떨어져도 결국은 뒤에 가가지곤 손바닥 뒤집듯 확 뒤집어 버리는데…. 따로 개인적으로 만나잖아요? 김재원 국회의원 같은 경우 만나면 하는 얘기가 그거예요. 단둘이 만나면 하는 얘기가 자기도 미안하다는 거예요. 자기도 해주고 싶은데, 당론이 그렇게 돼가지고 밀어붙이는데 자기가 무슨 개인적인 힘이 있냐, 그런 식으로 얘기를 해요. 결론은 당론이란 자체는 뭐냐, 청와대에서 내려온다는 얘기죠. 찍어갖고 내려온다는 얘기예요. 자기네들도 개인적으로 만나면 그런 얘길 해요. 하는데도….

면담자 국회의원이요?

건우 아빠 네. 그럼 이제 결론은 뭐냐. 청와대에서 내리찍으니까 할 수 없이 지네들도 안 되는 걸 알면서도 어거지로[억지를] 쓰면서 가는 거죠. 그게 전부 다 옛날부터 아까도 제일 처음에 얘기했듯이 당쟁이에요 당쟁, 당파 싸움. 왜? 내가 정권을 쥐고 있어야지만… 임금이 있고 밑에 노론이든 소론이든, 노론에서 그 정권을 잡고 있으면 나머지들은 지네 맘대로 정책을 할 수 있잖아요. 다 가지를 쳐내고 자기네들 끝까지 권력을 쥐고 있는 거하고 똑같이 지금도 마찬가지. 4년마다 국회에서 선거를 하지만 지네들 나름대로 당에서도 갖고 있는 줄들이 전부 다 다르잖아. 그 줄들이 청와대하고 직접 다이렉트로 연결이 돼 있나, 아니면 옆으로 빠져 있는지 인제 그런 걸 전부 다 보고, 그러면 당 대표가 어느 쪽의 성향이 더 강한가, 거기에 따라서 당락이 좌우되고…. 마찬가지 유승민 국회의원같이 당 대표였지만 청와대하고 등져버리니까 청와대에서 찍어버리는 거야. 찍어갖고 내뺐잖아. 똑같거든요. 그런 식으로 하다 보니까 정치는 똑같애요, 이게. 정치가 이렇게 앞에 바뀌어가면서 국가도 그러면 크게 성장이 되어야 되는데, 안에서 자꾸 쪼그라들고 안에서 자꾸 깨지니까 국가는 커지지 못하고. 지금 이 상태도 다행인데 뒤로 자꾸 후퇴를 하는 거예요. 이런 국정 농단이 어디서 나오는 거예요? 대한민국이라는 자체는 전체가 안 바뀌니까, 국회고 시민이고 국회의원이고 대통령이고 안 바뀌는 이상 똑같은 일이 계속 반복이 되는 거예요. 그러니까 이 시점에서 쳇바퀴 돌듯이 계속 도는 거예요.

"우리가 할 수 있는 거는 최대한 우리 때 어느 정도는 마무리 짓자" 하고 있는데, 실질적으로 우리가 지금 어느 정도까지 할 수 있는지 그것도 의문이에요. 지금 상황으로 봐선 국회도 할 수 있는 게 아무것도 없잖아요. 지금 여야가 그래도 180석이 넘잖아요. 180 이상이 되잖아요. 근데 국회선진화법으로 인해서 200석이 안 되면 한쪽에서 브레이크 딱 걸면, 이의 제기해 버리면 하고 싶은 것도 못 해. 최소한 3개월 동안 안건에 대해서는 묻지 마라, 사라져 버리니까, 지금 계속 새누리당 이용해 먹는 게 국회선진화법이에요. 그거 잘 이용해 먹잖아, 지금까지. 무슨 발의를 딱 하니까 여기서 새누리 애들 전부 다 싹 반대, 그럼 그 안건 그냥 묻혀버리니까. 국회에서 그게 말이 되는 거냐는 거지. 안건이 올라왔으면 자기네들 솔직히 '당에도[당에서] 맘에 안 든다' 그걸 소의회에서 타협점을 찾아가지고 가지고 가는 게 맞는 거지. 국회선진화법을 이용해 갖고 그걸 덮어버린다는 자체가, 그게 어이가 없는 거예요. 오죽했으면 우리한테 와갖고 하는 얘기가 국회선진화법 때문에 안 된대요. 우리가 나가갖고, 새누리 가갖고 설득해 달래. 그게 말이 돼요? 국회에서 일어나는 일은 지네들이 알아서 할 일이지. 거기 삼자가 들어가서 새누리당 의원들을 설득해 달라는 게 말이 돼요? 그게 국회선진화법에 의해서 발의해도 통과가 안 된다는 거예요. 그러면 지네들 뻔히 알면서 사인 왜 했냐고, 그 왜 통과시켰냐고. 지네 발목 잡힐 거 생각을 못 했다는 거야? 그건 말도 안 되고, 결론은 집권당이 휘두르는 대로 휘둘렸다는 얘기밖에 안 돼요.

김대중 씨나 김영삼 씨 있을 때 보면 그 반에 반도 안 됐잖아요. 그래도 그 사람들 해놨잖아요. 단식이든 뭐든 밀어붙이든 깜빵[감방]을 가갖고 하든 자기네들이 얻어 내올 건 얻어내고 줄 건 줬잖아요. 지금은 그것도 안 돼요. 뭐 하면 국회선진화법 때문에 안 된다고 물러서 버려요, 그냥, 지네들이 먼저 겁을 먹고. 그러니까 뭐가 되겠냐고. 되든 안 되든 밀어붙이고 싸우는 거고, 싸움해 갖고 안 될 거 같으면 그래도 타협을 하든 소통을 하든 뭐든 주거니 받거니 해서 끌어내든, 그걸 해야 되는데 한쪽에선 이제 그걸 못 해요. 그런 것들이 지금 어우러지다 보니까 모든 게 무슨 대형 사고가 나버리면 그냥 돈으로만 때우려고만 하는 거니까. 그 대학생들 MT 가갖고도 겨울철에 눈사태 나갖고는 저기 사고 났을 때 무너졌잖아요. 그것도 전부 다 돈으로 다 때웠잖아요. 그거 사고 나자마자 조용하잖아요. 처음엔 좀 시끄럽다가 결국엔 돈으로 다 때웠으니까.

우리가 지금 보면 전부 다 유가족들 그때 그렇게 사고 났을 때, 그 다른 참사 나신 분들 유가족들이 오셔갖고 하는 얘기들은 자기네들은 바보라 그래요. 그 얘기를 하시는 게 뭐냐면, 자기네들은 전부 다 정부 말을 듣고 합의를 해줬다 이거예요. 합의를 해줬는데 자기네들이 얘기한 거를 나중에 보면 하나도 안 지켰다고 하더라고요. 그래서 자기네들은 바보라고 하더라고요. 그래서 우리보고는 절[대] 그렇게 하지 말고 끝까지 싸우라고 격려를 해주시더라고요. 그 정부 말을 절대 다 믿지 말라고. 왜? 그분들은 그렇게 당했으니까.

5
세월호 참사 유가족 활동의 특성

면담자 다른 참사 피해자분들이랑 연대라고 해야 하나요? 굉장히 중요하고 인상 깊은 부분이에요. 최근에도 그런 소통을 하세요? 주로 언제 소통하세요?

건우 아빠 사고 나서 1주기, 2주기 때 많이들 오셔갖고 얘기를 해주시죠. 1주기 때 제일 많이 오신 거죠.

면담자 1주기요? 2주기요?

건우 아빠 1주기. 네, 2주기 초까지는 많이들 오셔갖고 말씀을 하셨죠.

면담자 다른 참사 유가족들도 지금 활동하시나요?

건우 아빠 거의 활동을 안 해.

면담자 뭉쳐 있지 않은 건가요?

건우 아빠 다 깨졌어요. 몇몇 분들만 이렇게 모여서 저기를 하시는데, 거의 다 깨졌어요. 지금 대구지하철 화재 같은 경우도 거의 세 개 정도로 나눠진 거로 알고 있거든요. 세 개 각자 생각이 다 다르니까 이게 쪼개져 버린 거지. 아직까진 거기 남아 있는 저기는 꽤 되는 걸로 알고 있어요. 정리도 안 돼 있다고 그러더라고요. 세 개의 조직으로 나눠져 있다 보니까 이게 합의가 안 돼버리니까 못 하는 거죠.

면담자 대구 말고 또 어떤 분들과 소통하세요?

건우 아빠 태안 거기 학생들 해병대 교육받다가 그분들도[태안 해병대 캠프 참사 가족분들] 오셔갖고 말씀하시는 게 그거더라고요. 정부에서 요구한 대로 다 해준다 그래서 합의를 봤대요. 그다음에 삼풍백화점 그때도 한 분인가 오셔가지고 거기도 추모비가 일반 시민들은 어디에 있는지도 모르게끔 안쪽 구석에 있대요. 그러니까 우리 같은 경우도 지금 한창 하고 있는 게 추모공원, 그다음에 재단인데, 9·11 그 공원처럼 그냥 시내에다가 똑같이 공원을 만들었으면 좋겠어요. 근데 인제 서구 문화하고 한국 문화하고 다른 건 뭐냐면, 내가 예를 들어서 받는 느낌은 그거예요. 걔네들 매장 풍

습은 주택가 옆에도 무덤이 있어요, 교회 옆에도 무덤이 있고. 그러고 아무도 신경을 안 써. 근데 한국 풍수 문화는 뭐냐, 무조건 시신은 산속에 들어가 갖고 묻혀야 돼요. 그래서 시내나 주택가에 있으면 안 된다 그래요.

면담자 부모님들이 추모공원 얘기를 해도 그런 반응이 나와요?

건우 아빠 네. 실질적으로 뭐냐면 우리 같은 경우는 땅덩이가 좁은 것도 있지만, 그러다 보니까 [묘지가] 산 쪽으로 많이 들어갔잖아요. 근데 외국 같은 데 땅이 넓다 보니까 그냥 옆에 있어도 그 사람들 신경을 안 써요. 우리나라 같은 경우는 유독 산속으로 들어가야 되고 주택가나 이 안쪽에는 그런 게 없어야 된다[는 생각들이 강한 것 같아요]. 일본만 해도 사원이잖아요. 걔네들도 주택, 뭐 주택가 그런 데 많이 있잖아요, 무덤도 있고. 유독 우리하고 중국만 그래요. 그게 유교 사상이라는 거죠. 지금 상황에서 땅덩어리가 좁은 데도 화장으로 많이 돌아섰잖아요. 화장 문화 이것도 아마 땅이 없으니까 글로[그쪽으로] 많이 돌아섰지, 땅이 있다 그러면 옛날처럼 화장 문화 자체가 발달하질 못했겠죠. 땅덩어리가 없고 매장할 수 있는 공간이 거의 없다 보니까 지금 이제 납골당 그쪽으로 많이 해 가지고 하고 있는데, 실제 말하면 납골당 같은 경우도 외곽에 빠져 있잖아요, 가깝게 들어와 있는 경우도 없고. 실질적으로 우리가 생각하는 건 추모공원하고 납골당하고도 조화를 잘 시키면, 시민 공간으로 크게 활용하고 외부에서도 안전 교육 같은 거 상당히 할 수 가 있거든요. 뉴욕에 그 공원에 가보면 전시된 사람이 다 와요. 9·11박물관[9/11메모리얼박물관] 보고 그 앞에 공원 가서 하고. 물론 거기는 그 빌딩 있던 자리에다 만들어놓은 거고, 공원 옆에 있어요. 원래 있던 빌딩 자리 그 옆에다 빌딩 똑같은 거 또 세우고 있지만, 가서 보면 우리나라 공원은 특히 볼 게 없잖아요.

그러면 나름대로 공원을 시민들이 같이 어울릴 수 있는 공간을 충분히 활용할 수 있거든요. 문화 예술 할 수 있는 분들 소극장, 그 다음에 청소년 위한 댄스 공연장 그런 거, 뭐 아니면 누구든지 얼마든지 야외에서 공연할 수 있고, 자체에서 할 수 있고, 그다음에 애들 체육 활동할 수 있게끔 그런 거 전부 다 복합적으로 만들 수도 있거든요. 인제 우리 아이들 같은 경우는 지하로 해갖고 그 지하에서 주위에 나름대로 안전 교육, 기록물 그런 것들 좀 활용할 수 있고. 지하로 들어가는 거, 위에 공원하고는 크게 문제가 될 게 없거든요. 지금은 납골당 그거 하나만 달랑 지어져 있어요. 우리는 전체적으로 어울릴 수 있고 복합적으로 공통적으로 활용할 수 있는 그런 건물을 짓고자 하는데 지금은….

저번에도 공청회를 했어요. 공청회를 한다고 해서 가봤는데 난리도 아니에요. 뭐 재개발 조합원들 와갖고 딱 한다는 얘기가 납골당은 안 된대. "안 될 이유가 뭐냐"[고 물으면] 무조건 안 된대요, 이유가 없어. 결론은 딱 하나야. "집값 떨어진다". 집값? 집값이 왜 떨어지는지 난 이해를 못 하겠어요. 재개발이란 자체는 기존에 있는

땅값을 계산해 갖고 아파트 올라가고 해갖고 분양가가 나오는 거잖아요. 그럼 분양가가 확정이 돼 있는 거예요. 여기 10년이고 20년이고 해보면 상승효과가 지금은 없어요. 옛날 같으면 내가 집을 갖고 있으면 상승효과가 뭐 120퍼센트가 돼 있었고, 150퍼센트가 될 수 있었거든요. 지금은 그게 안 돼요. 지금 분양가가 만약에 1억, 3억이다. 그럼 10년 뒤에 끽해봐야 갈 수 있는 게 [집값 상승 가능액이] 5000이에요. 5000에서 왔다 갔다 한다는 거예요. 그만큼 이 집에 대한 투자가치가 없다는 얘기거든요.

근데 이 주위에 내가 아까 얘기한 그런 공원이 있고, 외부에서 들어오면 이 지역에 경제가 활성화되잖아요. 그럼 그걸로 인해서, 자기네들이 만약 5000을 가질 수 있는데, 이게 활성화되고 외부에서 들어오고 경제가 활성화되면 그 이상 올라갈 수 있다는 얘기거든요. 그걸 생각을 못 하는 거예요. 무조건 안 된다, 그거 자체가 좀 잘못된 거예요. 그러니까 그런 것들도 이렇게 같이 대화를 하고 하면 되는데, 인제 대화하는 방식이[을] 모르겠어요. 방식이 잘못된 건지 그때 와서 보니까 이 공청회도 연령대별로 추첨을 해가지고 오는데, 몰라서 못 했던 사람들도 있을 거고, 그다음에 그걸 들었는데 어떻게 할지 모르니까 못 했던 사람도 있고. 그런 사람까지 와가지고 자기네들한테 얘기하라고 한다고 난리 치는 거 보니까 안산시에서 이제 공고하는 방법 자체가 미스가 있었던 것 같애요. 그다음에 문제는 조합장들이 조합원들한테 대화하는 소통 방식도 잘못된 거 같고, 또 하나는 조합원들이 전부 보면 할머니, 할아버지들이에요, 대부분이 오신 분들이. 50대도 있고 40대도 있고[있기는 하지만]. 몰려와 갖구선 무조건 안 된다고 깽판 놓을 생각만 하지 말구, 우리가 제시하는 비전을 보고 반대 의견을 주면 되잖아, 서로. 그럼 반대 의견이 들어왔을 때 이쪽에서 생각 못 했던 것도 있을 거고, 자기네들이 생각 못 한 것도 있을 거라고. 그걸 믹스를 해 가지곤 잘 이렇게 같이 어울리지.

지금 우리 아이들이 사고 안 났으면 안산 시민이거든요? 자기네들만 안산 시민이냐고. 우리도 안산 시민이고 똑같이 안산 시민인데, 자기네들 근거는 갖고 있는 집에 대한 기득권을 내세우면서 자기네들 주장만 하는 상황은 아니잖아요. 그 사람들 얘기는 딴 데로 가라는 거죠. 꽃빛공원이나 그런 쪽으로 가란 얘기지. 근데 꽃빛공원도 지금 포화 상태예요. 그럼 어디로 가냐고.

6
유가족 활동 변화의 요인

면담자 아버님, 지금 말씀해 주신 대로 1주기까지 이 투쟁을 이끈 문제들이 있었고, 추모공원 같은 부분은 조금 다른 국면이에요. 1주기 이후가 변화의 시기라면 그 계기가 있을까요?

건우 아빠 2주기 끝나고 나서 이제는 인양이 좀 대두가 됐죠. 어차피 1, 2, 3차 청문회가 끝나고 거기에 대한 문제점이 나오고,

우리가 청문회 하면서 이끌어낸 것도 있고, 잘한 점이 있고 못한 점이 있고 아쉬운 점이 있었는데, 그런 걸 전부 다 정리하고 나서 할 수 있는 게 인양이잖아요. 결국은 시민 단체하고 인양 쪽에 저기를 하는 거죠. 인양은 한다고 계속 하고 있는데 해수부 자체에서 인양하는 방식이 자꾸 문제가 생기니까 그거하고, 진실 규명 위해서 1, 2, 3차 청문회 그거. 그다음에 우리 의문점 그걸 책자로 만들어갖고 전단지 배부를 했잖아요. 그니까 청문회 때 우리가 의문점이 뭐였고, 자료 갖고 있던 자료, 증인들에 대한 새로운 증언, 이걸 전부 다 새로 믹스[혼합]해 갖고 책으로 만들고 낸 거예요. 우리가 3년 동안 [활동]하면서 제일 큰 거였죠. 외부에서도 그래요. 이렇게 지금 3년 끌고 올 줄은 몰랐다고. 자기네들도 6개월 예상했다고, 빠르면. 3개월이 지나고 6개월이 지나고 1년이 지나고 또 1년이 지나고. 그래서 우리보고 대단하다고 그러잖아요. 근데 쉽게 말하면 우리는 학생이잖아요. 일반인들하고 전부 다 섞여 있는 게 아니라 딱 오로지 단일이잖아요, 단원고 학생들. 그러다 보니까 이 응집력이라는 자체는 다른 참사 유가족들보다 강해요.

면담자 참사 자체에 문제가 많았지만, 그 이후에 싸울 수밖에 없도록 만드는 상황이 발생했습니다.

건우 아빠 네, 그러니까 쉽게 말하면 그거예요. 정부가 사실대로 얘기했으면 이렇게까지 안 됐어요. 처음에 사고가 이렇게 났고, 123정이 와서 어떻게 했든 간에 수습을 했잖아요. 그다음에 조사를 해야 되잖아요. 지금 근데 배가 밑에 있으니까. 그 과정에 선원들 재판 있고 다 있었잖아요. 선원들 재판도 검찰에서 대충 해갖고 덮어버렸거든요. 그 안에 문제점이 상당히 많아요. 지금 문재인 씨가 자기가 대통령 되면 세월호 사건 재수사하겠다는 얘기가 바로 그거거든요. 검찰이 대충 뭉개버린 거예요. 아까도 얘기했듯이 정부가 솔직히 얘기했으면 여기 딱 그렇게 됐을 때, 수사 과정이든 뭐든 간에 "이렇게 이렇게 돼갖고 구하질 못했다, 미안하다, 죄송하다" [하고] 진실하게 우리한테 사과하고 저기 했으면 여기까지 안 왔어요. 그럼 거기서 전부 다 끝났어요, 솔직히 얘기해서. 우리 지금 하는 얘기가 그거거든요. 정부가 처음부터 솔직하게 얘기했으면 순응한다는 거죠. 근데 하나부터 열까지 다 거짓말이거든. 우리가 눈으로 봤고 몸소 체험을 했고 그러니까 싸울 수밖에 없는 입장이 되는 거예요. 이런 얘기 저런 얘기하면서, 그다음에 그때 당시에 있었던 얘기들, 바지선 올라갔던 얘기들, 저 같은 경우는 바지선에 거의 안 올라갔으니까, 그런 얘기 하시고, 그다음에 아까도 얘기했듯이 전부 휴업[휴직] 내시거나 아니면 그만두셨거나 하니까 앞으로 지원받는 거 어떻게 되나 그런 얘기들. 저녁때마다 모이면 이제 다들 그런 얘기들 하시면 주로 듣고 있고.

그러면 어떤 분들은 빠르면 빨리 끝나지 않겠냐 [하시는데], 근데 내가 볼 때는 빨리 안 끝날 거 [같아요]…(웃음). 왜 그러냐 그러면 "아, 봐라, 지금 하는 거 자체가 다 의문투성인데, 이게 전부 다 우리가 원하는 거 딱 하나지 않냐. 우리 애들 왜 이렇게 됐는지 그거만 밝히는 거 아니냐?" 그런 식으로 얘길 하다 보면 "그래도 빨리 끝나겠지 않겠냐?" 그래서 하늘공원으로 간 애들이 꽤 많아요. 단시간 내에 끝날 줄 알고 글로[그리로] 간 애들이 꽤 돼요. 그다음에 나머지들은 이제 효원, 서호[로] 가게 된 거죠. 그것도 이게 처음에는 하늘공원으로 가게끔 돼 있었다고 그러더라고요.

나도 그걸 몰랐었는데, 나중에 하다 보니까 얘기가 나온 게 "무조건 안산은 하나밖에 없냐?" 그러니까 하늘공원밖에 없다고 그러더라고요. 그래서 얘기가 나온 게 애들이 많이 나왔을 때는 그게 가능하냐 그런 문제도 있고, 그다음에 부모가 거기 말고 다른 데를 원했을 때는 대책이 있냐 해갖구선 거기에 대한 대책이 나온 게 이제 화성에 있는 거 두 군데 더 추가를 해갖고 가고 싶은 데를 가라[는 거였어요]. 근데 나도 이제 딱 그날 저녁때 장례식장에서 하는 얘기가 그거더라고요. 아이 어디로 데리고 저기 할 거냐고 [하는데], 뭐 알아야지. 제일 먼저 화성에 있는 두 군데를 얘기해 주더라고요. 우리는 안산에 있는 데 없냐 그랬더니 하늘공원이 있는데 안산 얘기는 잘 안 하더라고요. 왜 그러냐니까 그건 외부에 있고, 비 오면 비 오는 대로 다 맞아야 되고, 밖에 있기 때문에 다 볼 수가 없다고 그러더라고요. 효원하고 서호 같은 경우는 인제 건물 안에 있고, 지은 지도 얼마 안 됐고. 효원 같은 경우는 10년밖에 안 됐고, 서호는 3년 그렇게 됐나? 그러니까 "그쪽이 더 깨끗하고 날[나을] 거다" 인제 그쪽으로 많이 이렇게 얘길 해주더라고요.

결정은 내가 할 수가 없으니까 알았다고, 얘기 듣고 와서 세 군데 중에 하나 선택해라 했더니 내 동생하고 처남이 가갖고 팸플릿 보고 결정한 데가 효원이더라고요. 초기에는 부모님들 그렇게 많이 모여갖고, “애들 어디로 갈 거냐?” 그런 얘기도 나오고 그러면서 유언비어에 대해 얘기를 많이 하시는 거예요. 우리가 그 얘기 한 것도 아닌데 왜 주변에서 그런 얘기가 튀어나오냐. 그거 주변에서 나올 수밖에 없는 거 아니냐, 우리가 얘기 안 했어도 국회의원들이 와갖고 다 얘기하고 소문을 뿌렸는데, 실질적으로 우리가 한 얘기는 정확히 보도하는 사람이 어디 있냐. 보도하는 데가 없잖아요. 그러면서 국회의원들 왔다 갔다 하고. 문제는 그거예요. 초창기 때는 국회의원들 무진장 많이 왔다 갔어요. 그럼 우리가 지금 나와 있는 거, 당신들이 해야 할 거, 이거 잘못했으니까 이렇게 이렇게 얘기를 해주면 그대로 해주면 되는데, 우리가 얘기를 하면 그런가 보다 하고 알았다고 하고, 가면 안 해요. 그러다 보니까 이제 점점 더 실망하게 되고, 정부에 대한 기대도 안 하고, 그러면 우리가 원하는 거 우리가 싸워서 만들 수밖에 없다는 거, 결론은 그거 하나밖에 없죠. 제일 큰 거는 그거예요. 정부에서 제대로 대응도 못 했고, 대응을 하면 전부 다 거짓말, 그다음에 무조건 다 덮으려고 하는 거, 숨기려고 하는 거. 그래서 부모들이 제일 저기 한 게 ‘다 필요 없다, 싸워서 우리가 밝히자’ 그게 인제 계기가 되는 거죠.

7
참사를 둘러싼 교육적 문제

면담자 아버님, 투쟁 관련해서 마지막으로 질문을 드리고 마무리했으면 합니다. 아까 1주기까지 얘기하고, 그 이후의 변화도 말씀해 주셨어요. 교실 문제나 교육적인 문제가 투쟁을 일으키기도 했잖아요. 그 부분에 대해 좀 더 말씀해 주세요.

건우 아빠 교육적인 거는 그게 인제 사무실에 있는데 전화를 받았어요. "무슨 일이야?" 그랬더니 "우리 애들 제적됐대" [그래서] "뭔 소리야 그게. 또 누가 그런 소릴 해?" 그랬더니 "아니래"(웃음). "애들 졸업도 안 했는데 무슨 제적이 어떻게 돼?" 물어봤더니 "그게 아니라 학교에 학적부 떼러 갔는데, 제적이 돼서 학교에서 못 떼준대" 이런 [말을 해서] "누가 그래?" [했더니 학적부] 떼려던 엄마가 얘길 했다고 그러더라고요. 그 얘길 딱 듣는 순간 아차 해갖고 [가협] 위원장한테 전화했더니 계속 통화 중이더라고요. 전화를 했더니 자기도 그 얘기는 막 들었고, 학교로 간다는 거예요. 그래 갖고 학교로 갔더니 벌써 몇몇 부모들이 오셔갖고 뒤집어 놓은 거죠. 행정실에 쫓아가니까 인양분과장 동수 아빠가 동수 학적부를 떼는 거예요. 근데 안 나와. 물어봤어요. 왜 안 나오냐고 그랬더니 행정실에 있는 선생들이 하는 얘기가 왜 안 나오는지 모르겠다. "그게 말이 되냐. 왜 안 나오는지 당신네들이 더 잘 알고 있는 거지, 우리가 어떻게 아냐?"고 이제 막 안에서 실랑이하고 있는데 그러더라고요.

행정실 수장이, 부장이 지금 병원에 가 있어갖고 물어봐야 된다고.

근데 그 전에 협약식이 있었어요. 교육청하고 단원고하고 협약식 사인을 하고 단체 사진을 찍으려고 딱 있는 상황에 교장이 거기에서 쓰러져 버려요. 그래 갖고 병원에 실려 가요. 오전에 그렇게 됐고, 오후에 그게 터진 거니까 전부 다 선생들은 병원 가서 모른다 그러지. 누가 제적을 시켰는지 교육청에서 온 공문 보여달라 그랬더니 그것도 못 보여주겠다. 그러니까 부장이 와야지 저기 해야 된다고. 거기서 실랑이를 하다가 일단 나갔어요. 학교에 전부 다 저녁때 들어오는 거죠. 부모님들 다 들어왔고, 행정 제적 처리한 서류를 공문화된 거 다 내놔라, 그러고 나서 교육청에 전화해서 안산교육지원[청] 거기 전부 다 불러들이고. 교육청 담당관 같은 경우는 거기서 얘기를 하고 뭐 어떻게 마무리할 생각을 않고 입을 다물어버리니까 결국은 경기도교육청에 전화해 갖고 싹 뒤집어 놓은 거야, 오라고. 나중에 보니까 이거야. 학교에서는 애들이 그때 당시 사고 났을 때는 2학년이었잖아요. 이제 3학년 되니까 졸업을 시켜야 되잖아요. 75명을 졸업을 시키려고 보니까 그 이제 학적부에 올라가야 되다 보니까, 그 시스템 자체가 제적하고 졸업밖에 없다는 얘기예요. 얘네들을 유급을 시키려고 그래도 2학년 자체를 유급을 시켜야 되잖아. 그다음에 다른 게 들어가 있는 시스템 자체가 없다고 그러더라고요. 시스템 만든 걔네들도 막 그래 갖고 결국은 공문 내용 자체가 학교에서 수를 쓴 거야. 그러니까 애들 졸업을 해야 되는데, 사고로 인해가지고 애들 그 유급을 시켜놨단 말이야.

결론은 애네들을 제적을, 아니 저기 졸업을 시키려고 보니까, 전부 다 제적을 시켜야 돼.

그거를 교육청에다 문의를 했는데, 교육청에서 하는 얘기가 거기에 대한 규정이 없거든요. 그러니깐 "담당 학교 교장 재량이다" 해갖고 회신을 보내버리니까, 교장이 다 제적을 시킨 거야. 그래갖구서는 인제 그렇게 돼갖고, 발단이 돼갖고, 뭐 학교, 결국은 교육청은 전부 다 해갖고 "애들 무조건 복원시켜야 된다. 다 복원시켜놓고 저기 해라". 그러고 있는데 문제는 그때 생존자 부모 중에 하나가 있었어요. 그 자기네들 생존 애들 학생들하고 학부모 회의를 하는데, 뭐 어떻게 할 건지. 근데 거기서 생존자 학생 부모가 선동을 한 거야. "위에 올라가 갖고 애들 책상을 다 빼자". 그래 갖고 한 30명이 올라가선 책상을 빼는 와중에 우리랑 실랑이가 붙은 거죠. 그러니까 지네들이 그걸 손을 안 댔으면 저기 실랑이 몸싸움이 안 생기는데, 그거를 지네들이 해갖곤 빼낸 거지. 원래 그 교실은 비품이고 책상이고 걸상이고 생존자 애들까지 포함해 갖고 이게 전부 다 나중에 인제 옮겨 가거든요. 걔들도 생존 애들 책상이라고 해갖고 지네 맘대로 뺄 수가 없는 거야. 왜냐면 거기에 모든 기록 자체가 다 넘어가게끔 우리가 인제 학교하고 사인을 다 해놨기 때문에 지네들이 와서 맘대로 이렇게 지 애 하러 왔다고 책상을 뺄 수가 없는 상황이거든요. 근데 그거를 빌미 삼아 이제 빼려고 하다가 우리랑 인제 실랑이가 났죠. 나중에 우리, 교육청, 학교, 학부모들 만나갖고선 얘기를 하다 보니까, 우리가 학교 교장한테 얘기한 걸 교장이 이쪽 학부모들한테 얘기를 안 했어요. 그러니까 여긴 몰라, 단절이 된 거야.

그래 갖고는 인제 선생님들 만나갖구선 얘기하고 뭐 하고 해갖고 풀긴 풀었죠, 나중에. 그러니까 인제 우리가 그, 그 교육청, 안산지원[안산교육지원청] 새로 서로 대화를 몇 번 해갖고 풀어갖구선 넘어가는, 뭐 하고 뭐 하고 해서 그렇게 넘어가는, 결국엔 그거예요, 똑같애요. 정부가 우리한테 그렇게 하는 건데 학교에서도 그렇게 했다고. 애들 제적시키라는 건 실제적으로 학교에서도 학생이 뭔가 크게 잘못했을 때 선생님들끼리 회의를 해서 얘를 제적을 시키든 징계를 하면 부모님에게 일단 통보를 하게 돼 있잖아요. 뭐 요즘엔 바뀌어갖고 위원회 있고, 뭐 있고 뭐 있고 하는 모양이더라고요. 우리 다닐 때는 학교 자체에서 선생님들끼리 하고 그랬는데. 그러면 학교에서는 부모님을 오시라 그러든가, 얘를 제적시켜야 되는 뭐를 아니면 저기를 시키든 뭘 하겠다고 얘길 해야죠. 근데 이거는 부모한테 통보도 없이 지네들 맘대로 한 거예요. 그래서 문제가 된 거예요. 결국은 나중에 인제 교육청에서 시스템을 고쳐갖고 애들 다 원상 복귀했고, 그러니까 똑같은 거예요. 학교도 그렇고 정부도 그렇고.

또 하나는 뭐냐면 아이들 인제 만 20세가 되니까, 군대 갈 나이가 돼서 신체검사를 받아야 되거든요. 각 집으로 아이들 신체검사 받으라고 통보가 날아온 거예요. 그래 갖고 뒤집어졌지. 내가 이제 확인을 해본 결과 이거였더라고요. 징집 대상자 애들 담당하는 과장이 1997년생들 전부 다 해갖고 참사 난 단원고 학생을 의뢰했다 고 그러더라고요. 그 명단을 달라고. 학교에서는 행정부장이 뭐라고 얘기를 하[했]냐면, 개인 정보이기 때문에 유출이 안 된다[고 했고], 시청에다 전화했더니 시청에서도, 어차피 인제 그거는 시청 담당 공무원 하는 얘기도 맞아, 개인 정보이기 때문에 자기들 맘대로 줄 수가 없다[고 하면서]. 그래서 학교 측에다 연락을 해보라 그런 거예요, 아니면 교육청에다 연락을 해보라고. 교육청도 마찬가지, 개인 정보 통보 불가예요, 세 군데 다. 그러면 결국은 병무청에서 할 수 있는 건, 전부 다 그렇게 해갖구선 불가[명단제공불가]를 때려버리면 [희생학생 명단을 확보하지 못하니] 병무청에서는 그 통지서를 다 발송해야 되거든요. 그 전화가 왔으면 학교 이 새끼들이, 나쁜 놈들이 그걸 우리한테 전화를 해서 "병무청에서 이런 게 왔다, 애들 그걸 달라 그런다, 줘도 되냐" [하고] 한마디만 했어도 그런 사고 안 났어요. 그러면 우리가 당연히 주라 그럴 거 아니에요. 그럼 그 명단 전부 다 빼고 갈 거 아니에요. 학교에서 그러고 있는 거예요. 똑같애요, 정부하고, 공무원, 교육공무원이라지만 애들에 대한 그런 배려도 하나도 없어요…….

면담자 모든 남학생이 그 징병 통지를 받았나요?

건우 아빠 네.

면담자 건우도 받았어요?

건우 아빠 네. 1997년생 애들은 다 받았어요. 97년생이 징집돼서 그 신체검사 대상이기 때문에 다 받아요. 그게 해결이 안 되면 생일 빠른 애들이 이제 받아갖고, 생일이 늦은 애들은 가을 겨울에 다 받거든요. 사계절에 다 받아요. 그러니까 정부하고 아까 얘기했지만 똑같애요. 다 그런 건 아니지만, 이게 생각 없이 그냥 자기네들 편리한 대로 일 처리하면 끝이에요. 어차피 걔네들도 단원고 학생이고, 우리 애들도 단원고 학생이었고, 수학여행 가다가 뭐 그게 수업의 연장이잖아요, 수학여행 자체가. 그러면 학생이었단 말이야. 졸업을 하더라도, 실질적으로 졸업생, 그 학교 졸업생이고 우리 애들은 2학년, 1년 조금 넘게 다녔지만 얘네들도 어차피 단원고 학생이라고요. 사고 없었으면 똑같이 졸업을 했고, 근데 사고 났다 그래 갖고 딱 사고 난 시점, 기점으로 해가지고 얘네들은 단원고 학생이 아니야. 자기네도 모른다, 그런 식이거든요.

학부모 회의[교실존치 여부에 관한 학부모총회] 한다 그래 가지고 우리가 갔어요. 가니까 어떻게 만들어놨냐, 우리 아이들 명단은 하나도 없어요. 그니까 생존자 애들, 지금 남아 있는 애들 명단 그거만 딸랑 갖다 놨어요. 우리가 항의하니까 나중에 이제 만들어갖고 놓더라고. 그러면 1학년 다니고 2학년 올라가 갖고 다니다가 얘네들은 단원고 학생 아니냐는 거야. 그니까 교장부터 썩어버리니까 밑에 있는 선생들도 다 썩은 거예요. 처음에 있던 교장이 책임 소재를 놓고 딴 데로 발령 났고, 그 후에 온 교장 자체도 보면 유가족하고 재학생 부모들하고 중간에 껴갖고 이간질시키느냐고 바빠. 양쪽으로 왔다 갔다 하느라고…….

그런 걸 봤을 때는 참, 교육이 백년대계라 그러지만 지금은 백년대계가 아니에요. 왜 명문 대학교? 자기네 학교에서 몇 명 들어갔는지 그게 자기네한테 저기지, 인성 뭐 그런 거 필요가 없다고 보는 거니까. 지금 흘러가는 자체가 그렇잖아요. 응? 서울대 몇 명 들어갔고, 우리 학교에서 몇 명 들어갔고, 연세대, 고려대 몇 명 들어가고 그걸로 판가름 지어버리니까 애들한테 인성 교육이란 자체를 시킬 수도 없고, 선생님들도 인성을 자기네들 나름대로 쌓을 시간도 없는 거예요. 무조건 들어와서 애들 국·영·수, 애들 하나라도 더 맞게끔 만들라 그러고. 우리 학교에서 배울 때 인성 교육이고 그런 자체가 사라지다 보니까 학교 가더라도 선생 자체들이 보면 인성 교육이 없어요…. 지네 학교 학생이 있고, 그런 사고가 났고 그러면 자기네들이 발 벗고 나서가지고 어떻게든 할 생각을 해야지. 그걸 쉬쉬하고 덮으려고 하니까 이건 정부랑 똑같다니까. 그러니까 이게 학교도 그렇고 정부도 그렇고 관공서도 그렇고 매뉴얼 자체가 없다 보니까…. 그니까 매뉴얼에 의해 모든 것이 움직여지고 해야 되는데, 지네들 편리한 대로 하고 그러다 보니까 그렇게 되는 거죠.

지금 문제가 또 하나 남아 있는 게 아이들 대부분 80퍼센트가 사망신고[를] 안 했어요. 언제 할지는 모르겠는데… 이것도 할 때 되면 실랑이 많이 날 거예요. 싸우고, 과태료 물어야 된다고 그 얘기할 거예요. 이게 원래 14일이거든요, 사망신고 [신고 기한이] 14일이거든요. 우리 같은 경우는 지금 특별 케이스라 이걸 했는데, 아직 언제까지라는 건 정해지지 않았어요. 근데 이것도 문제가 나중에 행자부하고 저기 많이 할 거예요. 시에서도 여기에 대한 대책은 없는 거 같고….

면담자　　오늘은 이렇게 마무리할게요. 다음 3차 때는 참사 이후 변화된 삶의 측면에 대해서 여쭤보고 혹시 투쟁 관련해서 놓친 부분이 있으면 보완하겠습니다.

건우 아빠　　네, 그래요.

3회차

2017년 3월 29일

1 시작 인사말

2 선체 인양 과정

3 지난 유가족 활동 지속 요인과 참사 이후 직장생활 변화

4 정부로부터의 감시 경험과 유가족 활동의 아쉬운 점

5 기존의 인간관계 변화와 한국 정치에 대한 생각

6 형제자매에게 세월호의 의미, 가족의 변화

7 참사 이후 투쟁 과정에서 위안이 된 점과 힘든 점

8 현재 건강 상태

9 삶의 목표

1
시작 인사말

면담자 본 구술증언은 4·16 사건에 대한 참여자들의 경험과 기억을 기록으로 남김으로써 이후 진상 규명 및 역사 기술에 기여하고자 합니다. 지금부터 김정윤 씨의 증언을 시작하겠습니다. 오늘은 2017년 3월 29일이며, 장소는 안산시 단원구 세승빌라입니다. 면담자는 이예성이며, 촬영자는 김솔입니다.

2
선체 인양 과정

면담자 최근에 선체가 인양됐고 그 현장에 다녀오셨는데, 가서 무엇을 보고 느꼈는지 말씀해 주세요.

건우 아빠 해수부 애들은 전혀 준비가 안 됐고, 갑자기 인양을 한다 그래 갖고서 우리도 당황스럽고, 내려가다 보니까 자기네들은 인양할 준비는 다 해놓고도 우리한테 그냥 통보식으로 알려준 거거든요. 그러면서 자기네들이 인양을 하는데, 배가 그날 보이기 시작하니까 참 어이가 없더라고요. 아니 이거 하루면 그냥 배가 올라오는데, 되지도 않는 공법 사용해 갖구선 돈은 돈대로 까먹고 시간은 시간대로 다 잡아먹고. 처음부터 재킹바지선을 이용해 갖고 세월호를 들자고 했을 때, 자기네가 더 전문가라고 빡빡 우기더니 결국은 모든 걸 전부 다 백지화시키고, 인제 원위치로 재킹바지선을 이용해 갖고 세월호를 드는 방식으로 다시 방법을 찾아갖구선 그걸 딱 하니까 하루 만에 세월호가 딱 선체가 보이는데 진짜 어이가 없더라고요. 여기서 나름대로 전문가들 만나고, 교수들 만나고, 다 알아보고 다녔을 때 결론은 딱 한 가진데, 최종적으로 사용할 공법을 놔두고 되지도 않는 위험한 방법을 하겠다고 그렇게 우긴 해수부 저의도 모르겠고. 인제 특별조사위원회 2기가 생기면 그것도 해수부 전부 다 조사를 한 번 더 해봐야 할 사항이거든. 왜냐면 상하이샐비지하고 계약한 그것도 우리가 볼 때는 분명히 이면 계약한 거 같거든요. 그리고 걔네들이 왜 지금 뉴스에서 나오는 거, 세월호 인양이 1년 동안 지연되고 뭐 그런 거 전부 다 지네들이 방해하고 지연시키고 일부러 그런 거를 이제 와서 세월호 인양 준비 기간이 1년 이상이 걸렸고, 거기에 대한 방법 뭐 해갖고 그런 얘기들이 쭉 나오는데, 그거는 자기네들 변명밖에 안 되거든요.

처음부터 우리가 갖고 있는 자료, 비디오 영상 촬영한 거 보면 거기에도 답은 다 있어요. 결론은 그거 다 무시하고 지네들 나름대로 공법을 가지고 여지껏 시간을 끌고 방해하고 해가지고 끌고 왔는데, 결론은 마지막에 우리가 얘기했던 재킹바지선 그걸 이용해서 세월호를 올렸으니까 우리가 얼마나 그거 보고 참 허탈하고 분노하고 원망스럽고, 이렇게 쉽게 올라올 수 있는 세월호를 3년 가까이나 그 차디찬 바닷속에다가 묻어놓고 있은 그 죄책감은 참 뭘로 표현해도 말을 못 하거든요, 아이들한테는……. 제가 4월 16일 날하고 똑같다는 얘기가 뭐냐면, 어제 11시 35분에 뼛조각 7개가 나왔잖아요. 걔네들은 뭐냐면 준비가 하나도 안 돼 있는 거예요. 4월 16일도 거기도 뭐 처음부터 사고 났을 때 준비란 준비는 하나도 안 돼 있고, 우왕좌왕. 요번에도 마찬가지야. 똑같은 게 계속 반복해서 일어나는 이유가, 한 번 그렇게 해갖고 저기를 했으면 그다음에는 자기네들도 그거 뒷생각을 왜 못 했냐 이거죠. 어차피 해수를 빼다 보면 뼛조각이 나올 수도 있고 그런 상황들이 생길 수 있는데, 거기에 대한 대비책이 아무것도 없는 거지. 물만 빼다 보니까 뼛조각이 나왔다. 그러니까 미수습자 뼈라고 해갖구선 4시 반에 기자회견 하고 결론은 저녁때 나온 게 돼지 뼈라 그러잖아요.

그러면 반잠수함 위에 해경하고, 그다음에 그 국립과학 그 조사할 수 있는 기구에서 사람이 하나 올라와 있고, 그게 사람인지 동물인지 확인할 수 있는 그런 사람들이 전부 다 한두 명씩이라도 대기해 놓구선 그거를 지켜보고 있어야 되는데, 그냥 해수부 공무원하고 상하이샐비지 일하는 사람들만 있으니까 거기 그냥 분간이 안 되고 우왕좌왕하고. 그럼 결론은 뭐냐, 유실물 방지가 그게 제대로 안 돼 있기 때문에 우리가 생각할 땐 유실물, 해수 빼다 보니까 아마 창문이나 그 배수관 쪽에서 나왔다고 그렇게 얘기를 하는데, 그럼 밑에서도 유실물 방지가 제대로 안 돼 있기 때문에 조류에 의해 빠져나올 수 있단 얘기거든. 우리는 거의 그쪽으로 많이 생각을 하는데, 목포 신항으로 가갖고 인제 실질적으로 수색을 해봐야지 알겠지만 제일 우려되는 게 바로 그거예요.

지금도 해수부가 똑같은 게 뭐냐면, 그 왜 자동차 들어가는 선수 데크 그것도 얘기가 안 되는 게 뭐냐면, 세월호를 들었을 때 1미터에서 2미터 떴을 때 잠수부 들어가서 리프트 위에서 확인을 했다 그래요. 그러면 배가 바닥에서 1, 2미터 떴을 때 자기네들이 처음부터 끝까지 확인하고 들어갔으면 뒷부분 쪽에 이게 확인이 안 되냐는 거죠. 그러니까 거기 1, 2미터에서 놓쳤다 치더라도, 이게 다시 올라가 갖구선 재킹바지선 가고 밑에 이제 고박을 했을 때도 그게 안 보였냐는 얘기지. 자기네들은 5시 반인가 6시에 확인을 했다 그러고 8시에 절단 작업을 했다고 그러더라고요. 10시에 기자회견을 하는데 우리한테는 기자회견 5분 전에 이거 절단한다는 얘기를 하는 거예요. 자기네들이 벌써 8시에 절단을 하고 있는데.

그러니까 지금 해수부가 처음 사고 난 날부터 시작해서 지금까지 우리한테 제대로 이렇게 얘기해 준 적이 없어요. 자기네들이 할 거 다 하고, 그다음에 우리한테 그냥 통보식으로 얘기를 해주는 거니까. 정부에서 지금 하는 일은 다 그런 식이기 때문에 우리는 싸울 수밖에 없는 거죠. 자기네들이 투명하게 딱 해갖구서 그게 발견됐으면, 5시 반에 발견됐으면 그때 유가족하고 미수습자 불러가지고 지금 상황이 이렇게 됐으니까 이걸 절단해야 된다, 그렇게 사전에 얘기하고 작업을 해야 하는데, 지네 할 거 다 하잖아요. 그러고 우리한테는 5분 전에 통보해 주는데, 거꾸로 우리는 기자회견 있다고 기자들한테 지금 연락을 받아가지고 그렇게 알고 그런 식으로 돼버리니까. 우리가 정부를 불신할 수밖에 없는 게 바로 그런 데 있거든요. 처음 사고가 났을 때부터 시작해서 자기네들이 구조 상황이 어떻게 됐고, 뭐가 어려움이 있다 그걸 사실대로 다 얘기했으면 솔직히 지금까지도 오지 않고 그때 당시 아마 상황이 전부 다 정리가 됐을 거예요. 그걸 전부 다 숨기고 은폐하려고 하다 보니까 지금까지 왔는데. 앞으로도 정부하고 이제 싸우는 일은 그런 거기 때문에 우리가 이제 정부한테 얘기하는 게 바로 그거예요. 있는 그대로 사실대로 얘기해라. 근데 그거를 자꾸 숨기려고, 은폐하려고만 하다 보니까, 그게 인제 자꾸 불신이 쌓이고 정부가 뭐라 그러면 믿지도 않고 그렇게 돼버리는 거죠. 그 불신이 워낙 크다 보니까.

면담자 특히 인양 문제와 관련해서 해수부와 만나고 얘기하는 유가족은 어떤 분들인가요?

건우 아빠 그거는 인제 인양분과장하고, 인양분과 그쪽에 일하시는 분들도 전부 다 유가족분들이니까.

면담자 인양분과에는 몇 분 정도 계세요?

건우 아빠 인양분과에는 인양분과장하고 팀장 둘하고 이렇게 있거든요. 이제 주로 인양분과장이 해수부 쪽하고 많이 부딪치고, 그다음에 인양분과 팀장들이 부수적으로 업무 분담해서 많이 뛰어다니죠. 지금 인양분과장 같은 경우는 배 인양한다 그래서 그날 들어가서 아직까지 거기 동거차도에 있으니까. 거기 인양팀장도 인제 같이 들어가 있고. 부모님들 올라가서 계시고, 지금 계속 그런 상황이에요.

면담자 네. 인양 소식이 들리고 주변에서 연락이 온다거나 반응이 있었을까요?

건우 아빠 그거 이제 다 똑같애요. "박근혜가 탄핵되니까 배가 올라오네?" 잘됐다고 다들 말씀을 하시더라고. 그러면서 하는 얘기가 아직까지 박근혜가 앉아 있으면 저 배가 올라오지도 않았다, 전부 다 그렇게 말씀하시고 하는데, 우리도 그게 희한해요. 박근혜가 앉아 있을 때는 시간 끌기, 은폐, 막 계속 이렇게 밀고 가다가 갑자기 탄핵되고 딱 내려가 갖고 13일 만에 해수부에서 인양한다고 우리한테 통보해 갖구선 인양을 바로 해버리니까 우리도 처음에는 당황했고, 그다음에 이제 배가 올라오는 걸 보고 진짜 쉽게 올라온다고 했어요. 그러면서 3년 동안 가까이 차가운 그 바닷속에다가 세월호라는 배를 아이들, 아이들을 전부 다 수장시켜 놓고 그 배를 인제 끌어올리는지 이해가 되질 않는 거죠. 그러니까 쉽게 용서할 수 없는 거죠. 그때 12월[2014년 11월] 달에 수색 종료됐을 때, 솔직히 겨울이라 그러면 2015년 봄에 올렸어야 되는 상황을 인제 올린다는 거 자체가 용납이 안 되는 거죠.

면담자 인양이 당연히 됐어야 할 일이지만, 인양으로 인해 분노가 더 커진 셈인가요?

건우 아빠 네. 그렇죠…. 인제 문제는 목포 신항으로 가서 선체조사위원회하고 해수부하고 우리랑 얼마나 협력을 해서 그 해수부가 세월호 선체 조사하는 거를 제대로 감독 관리를 할 수 있는 건지, 그걸 또 제대로 계획을 세워봐야죠. 해수부가 항상 거기에 주방해 공작의 원인이기 때문에 걔네들은… 해수부가 얘기하는 거면 항상 조심을 해야 돼요.

면담자 해수부를 신뢰하지 않는 거죠?

건우 아빠 네.

3
지난 유가족 활동 지속 요인과 참사 이후 직장생활 변화

면담자 말씀하신 3년은 인양하지 않은 3년으로 표현해도 될 것 같아요. 구조부터 수습이 되지 않은 3년이기도 하고요. 그 기간 동안 투쟁하신 얘기를 2차 때 많이 들려주셨는데, 개인적으로 그런 활동을 어떻게 해낼 수 있었는지 설명해 주세요.

건우 아빠 그러니까 우리는 뭐냐면 원인은 딱 하나예요. 아이들이 같은 학교 250명이라는 그 자체. 아이들 일이고 그러니까 우리가 계속 해올 수 있는 거고. 일반인은 인천 같은 경우는 전부 다 깨져버렸어요. 왜냐면 거기는 각자 다 다르잖아요. 생활권들이 다르기 때문에 우리처럼 모여서 할 수 있는 상황도 아니고, 자기 나름대로 각자 이익 생각을 하다 보니까 그쪽은 그런 게 차이가 많은 거죠. 우리는 이제 아이들 위해서 하는 거고, 거기에는 그 나름대로 각자 득실을 따져서 움직이다 보니까 다 깨져버리고, 깨져버리다 보니까 추모공원을 만들어도 그쪽으로 들어갔다 뿐이지 거기에 대한 모든 활동이나 그런 건 없어요. 인터넷 들어가 보면 추모공원 거기도 문을 닫아놨다 그러는 거 같더라고요. 그쪽하고 우리하고 큰 차이가 있는 게 딱 하나죠. 우리는 아이들을 위해서 부모들이 직접 나섰기 때문에 쉽게 포기하진 못하죠. 그게 다른 점이죠.

면담자 다 부모님이기 때문이란 말씀이죠?

건우 아빠 네.

면담자 그때 이후로 일상이 거의 투쟁으로 뒤덮였다고 봐도 지나친 말이 아닐 거예요. 하루 일과가 보통 어떻게 되세요?

건우 아빠 하루 일과는 저거 농성할 때는 국회로 갔고 거기서 철수하니까 청운동 갔다가 광화문 갔다가 이제 그때는 계속 그 세 군데를 왔다 갔다 하는 게 일상생활이었죠. 거기서 회의하고 국회의원들 만나서 우리 의견 전달해 주고 계속 그렇게 해왔고. 그다음 청운동 철수하고 국회에서 철수하고 나서는 안산에 와서 분향소에 나가서 회의 있으면 회의 참석하고 각자 맡은 일이 있으니까, 서울에서 회의 같은 거 있으면 참석하고 계속 아이들을 위해서 움직이는 거죠. 남은 거는 인양하고 추모공원, 이제 그쪽에 힘을 쏟아야 되니까 그쪽에 관계되는 공무원들 만나고, 그다음에 광화문 가서 저기 하고 그러다가 국정 농단 사건이 터지면서 주로 토요일 날 되면 촛불시위 올라오고, 우리는 우리대로 이렇게 해왔고, 4·16연대

[4월16일의약속국민연대]하고도 계속해서 많은 일을 계획하고 있는 거죠.

면담자 지난번 구술에서 전에 다니던 회사에서 어떤 일이 있었는지 언급해 주셨는데, 아버님 직업의 변화에 대해서 좀 더 들려주세요.

건우 아빠 분향소 가족협의회 일을 하다가 다시 회사에 들어가서 지금은 가족협의회 일은 못하고 있어요. 시간 나면 그래도 왔다 갔다 하곤 하는데, 회사에 들어가서 또 일을 해야 되니까. 왜냐면 인제 큰애가 제대하고 나서 복학을 했기 때문에 하나 남은 애도 대학교 졸업을 시켜야 되니까 또 회사에 들어가서 일을 하고 있고.

면담자 언제 다른 회사에 가셨어요? 전에 다니던 회사를 그만두는 과정이 평범하지 않았는데, 좀 자세히 말씀해 주세요.

건우 아빠 그러니까 우리가 사고 나고서부터 경찰 정보과에서 모든 부모들에 대한 신상을 다 털었어요. 인제 부모가 뭐 하는 것까지 다 털어갖고, 그 리스트를 전부 다 갖고 있더라고요. 근데 아이들 장례 다 치르고 나서 회사에 가니까 어느 분이 찾아왔다고 얘기를 하더라고요, 여직원이. 사장을 만나고 갔다고 하는데 회사 분위기 자체가 가라앉아 갖구선 나하곤 전혀 얘길 안 하려고 하더라고요. 나중에 우리 여직원한테 물어봤어요. 한 번 경찰서에서 사람이 찾아왔는데 누군지 모르겠다고 그러더라고요, 그래 가지고 대표 만났다고. 그 이후에 사장 와이픈데, [실장이] 그다음부터 인제 쪼그만 트집을 하나씩 하나씩 계속 잡더라고요. 결정적인 건 뭐냐면 그날 퇴근하면서 아침에 병원 들렀다가 온다고 얘길 했는데, 아침에 나한테 전화 와서 막 난리를 치더라고요. 그래서 들어갔더니 그거 갖고 꼬투리를 잡고 시비를 걸더라고요. "내가 퇴근할 때 분명히 얘기했지 않냐"고, "병원 들렀다가 온다고 얘기했더니 그러라고 그래 놓고는 이제 와서 왜 그런 소리를 하냐"니까 자긴 그런 소리 못 들었다고 딱 잡아떼더라고요. 그니까 인제 그 옆에 여직원들 둘이서 내 편을 들어준 거죠. "어제 분명히 차장님이 얘기했는데 왜 실장님은 못 들었다고 얘기를 하냐" 그랬더니 얼굴이 하얗게 되면서 들어가 버리더라고요.

며칠 뒤에 창고에 가 있는데 사장한테 전화 왔더라고요, 나보고 창고에 있으라고, 할 얘기 있다고. 실장이 너하고 일 못 하겠다고 그러니까 인제 여기서 정리하자고 그러면서 사장이 얘기하더라고요. "정보과[에서] 사실 사람 찾아가지고서는 알아보고 갔다"고. [그래서 저는] 그러냐고 알았다고 [하고], 나도 지금[당시] 상황에서 실장하고 같이 일 못 할 거 같으니까 그냥 나가버렸어요. 그러고 나서 인제 분향소에 들어가 가족협의회 같이 시작한 거죠.

면담자 아버님, 누가 찾아왔다는 거에 대해서 자세히 되물어보셨나요? 놀라지 않으셨어요?

건우 아빠 대충 거기 차장한테 들었는데 "경찰서 정보과라고 그러는 거 같다"[고]. 정보과에서 왜 찾아왔는지….

면담자 안산시 경찰인가요?

건우 아빠 그건 어딘지 모르겠대요.

면담자 찾아온 사람이 정확히 밝히지 않았던 건가요?

건우 아빠 네.

면담자 그런 걸 왜 캐묻는지, 가족이 왜 사찰 대상이 되는지 두렵지 않으셨어요?

건우 아빠 그땐 거기까지 생각을 안 해봤어요.

면담자 이미 정부에 대한 불신이 많은 상태여서 그랬나요?

건우 아빠 네.

면담자 다른 가족분들하고도 이런 얘기를 나눠보셨어요?

건우 아빠 회사 찾아온 사람들도 있고, 정보과에서 나름대로 조사를 다 한 거예요, 회사까진 안 찾아왔었더라도. 그런 얘기를 하다 보니까 나오더라고요.

면담자 다른 분들도 비슷한 경험이 있는 거죠?

건우 아빠 네. 작년 2월 달에 미국 간담회 갔다 오니까 벌써 인터넷에는 간담회 갔다 왔다고 전부 완전히 싸잡아 갖고 나오드만. 미국 그 뭐라 그랬더라, 좌파 간담회 하고 왔다고 그런 식으로 막 써재끼더라고요.

면담자 언론에서요?

건우 아빠 네, 인터넷 언론에서 써재끼더라고요.

4
정부로부터의 감시 경험과 유가족 활동의 아쉬운 점

면담자 새로운 회사로 가신 건 경제적인 이유와 책임감 때문이라고 하셨는데, 이전 회사에서 경험한 부분 때문에 두려움도 있었을 것 같아요. 혹시 그런 어려움은 없었나요?

건우 아빠 어차피 우리가 가족협의회 일을 하다 보니까 뭐 뒷조사란[뒷조사로] 다 털렸어요. 그때 당시만 해도 휴대폰이 집사람 앞으로 돼 있었는데, 은평경찰서에서 저 휴대폰 내역을 다 털었더라고요. 그니까 와서 뭐라 뒷조사를 하든 털든 아예 그런 거에 대해서는 겁이 나는 게 없죠, 인제. 니네 하고 싶은 대로 하라는 거지, 우리는 우리대로 이렇게 생각하고 저기 하는 게 있으니까. 모든 건 그대로 가는 거고, 거기에 대해서 이렇다 저렇다 그럴 것도 없고. 그다음에 촛불집회 같은 데 가보면 우리가 국회, 청운동, 광화문에서 계속 농성을 했잖아요. 거기에 인제 정보관들이 쭉 나오거든요. 그때 당시에 하도 거기 오래 있다 보니까 정보관들 다 알아요.

면담자 정보관들 얼굴을 다 안다고요?

건우 아빠 네. 얼굴도 알고, 교체가 되면 와서 교체됐다고 얘기하고 누구는 어디 갔고 누구는 어디 갔다고 얘기를 다 해요. 그니까 우리는 이제 서로 필요한 거, 우리는 필요한 거 정보관한테 빼오고 그런 식이 돼버리는 거예요, 이제 서로 농담도 해가면서.

면담자 그 정보관들 소속이 어디예요?

건우 아빠 정보과예요.

면담자 조사하는 명분이 뭔가요?

건우 아빠 옛날 같으면 사찰 팀들이 있잖아요, 사찰 팀들이 정보과 소속들이 많죠. 민간인 사찰, 뭐 국회의원 사찰 팀. 걔네는 주로 개인 신상하고 그 사람들 일상하고 누구 만나고 무슨 대화를 하고 뭐 하고 주로 이런 걸 캐치[파악]하러 다니는 거죠.

면담자 유가족분들이 그런 대상이 돼야 한다는 게 이해가 되지 않아요.

건우 아빠 그게 잘못된 거죠. 우리가 종북도 아니고 좌파도 아닌데 왜 정보과에서 우리 뒤를 졸졸졸 따라다니면서 정보를 캐야 되고 그래야 되는지 이해가 안 가. 우리도 지금까지 그건 이해를 못 해요.

면담자 그 사실을 가족들 단위나 아버님 개인적으로 공론화할 생각은 안 해보셨나요?

건우 아빠 그런 게 얼마나 심했냐면, 우리가 인제 긴급회의를 하잖아요, 그 미술관에서? 그러면 딱 회의 끝나는 시간 10분도 안 돼서 기자들 내용 다 알고, 정보과장들 내용 다 알고 그러니까 우리가 처음에 이상하다 그랬어요. 우리 그래서 회의 들어가면 휴대폰 밧데리[배터리]까지 전부 다 빼고 분리를 시켜갖고 했는데, 그래도 내용을 다 알더라고요.

면담자　　어떻게 보면 가족분들한테도….

건우 아빠　　그러니까.

면담자　　일상화된 거네요?

건우 아빠　　그러니까 그냥 그런가 보다 하고 넘어가요.

면담자　　잘 몰랐던 부분이라서 저도 많이 놀랐습니다. 아까 죄책감에 대해 언급하셨고 어떻게 활동할 수 있었는지 얘기해 주셨어요. 아버님이 하신 선택이나 활동에서 후회되는 점이나 아쉬운 점이 있을까요?

건우 아빠　　후회되는 일은 없는데요, 아쉬운 거는 우리가 조금 더 이 세월호 참사에 대해서 시민들과 공감대를 활성화를 못 [시킨 것], 지금은 그래도 많이 활성화를 시켰는데 그때 당시만 해도 활성화를 더 시키지 못한 게 제일 아쉬운 거죠. 그나마 지금 국정 농단 사건으로 수면에 가라앉았던 7시간이 대두가 되면서, 다시 수면 위로 떠오르면서 이 세월호 참사에 대해 [국민들이] 많은 관심을 갖게 됐거든요. 그래도 지금 그나마 쪼금 활성화됐다고 생각을 하는데,

그 전에 우리가 돌아다니면서 할 때는 그게 활성화가 안 됐어요. 거의 다 끝난 줄 알아요. 안산 자체에서도 이 세월호 참사가 완전히 마무리가 된 거로, 지금.

면담자 일반 시민들이요?

건우 아빠 네. 그런 생각을 하고 계시는 분들이 상당히 많더라고요. 안산에서도 그런데, 안산을 벗어난 타 지역 같은 경우는 오죽하겠냐[고요]. 나하고, 이 세월호하고 관련이 직접 안 된 사람들은 다 그냥 마무리된 거로…. 세월호 참사가 나고 나서 저 같은 경우는 이제 친구들하고 거의 연락을 끊었거든요. 어쩌다 애들 전화와서 "뭐 하냐?" 그러면 인제 말을 안 하거든요. 그러면 "야, 그 작은아들 다 끝났지? 근데 왜 뭐 하고 있냐?"고 그런 식으로 얘기를 하니까, 답답한 거죠. 지금 된 게 하나도 없고 이런데, 친구들부터 시작해서 다 끝난 걸로 알고… "하나도 해놓은 것도 없고, 그런데 뭐가 다 끝나냐, 지금 인제 시작인데" 그러면, 얘네들도 인제 놀래는 거야. 언론에서는 세월호 참사에 대해서 보도되는 게 하나도 없고, 그러다 보니까 세월이 지나면서 자기네들도 기억 속에서 차츰 사라져서 이제 묻혀 있는데 그걸 툭 던져놨을 때, 거꾸로 끝나지 않았다 그러니까 얘네들도 놀래는 거죠.

지금 같은 경우는 세월호 인양한다 그래 갖고 계속 얘기 나오지, 그다음에 인제 촛불시위에서도 세월호 7시간에 대해서 계속 얘기가 나오니까 그 전보다 훨씬 더 많은 사람들이 많이 알게 되는 거죠. 처음부터 이런 방송들이 계속해서 나와줬어야 되는데, MBC 같은 경우는 아예 안 나오잖아. 지금 KBS나 SBS 같은 경우는 촛불 시위 하면서 7시간 얘기가 나왔고, 그다음에 인양 관련해서는 YTN 같은 경우는 하루 죙일[종일] 그 세월호 인양하는 거 뉴스에 밤새면서 나오고, 시간 나올 때마다 계속해서 세월호를 앞에다가 계속 방송을 때려주니까 지금은 많이 저기된 거죠. 우리가 할 때는 사람도 부족했고, 그러다 보니까 거기에 대한 걸 많이 우리는 알려주지 못했는데, 방송이 무서운 게 바로 그거예요.

5
기존의 인간관계 변화와 한국 정치에 대한 생각

면담자　　친구분들이랑 연락을 거의 끊었다고 하셨는데요.

건우 아빠　　네. 지금 여기 사고 [나고] 나서 거의 대부분 부모들이 다 그럴 거예요, 친구들 안 만나고 연락 다 끊고.

면담자　　구체적인 이유를 설명해 주실 수 있을까요?

건우 아빠　　처음에는 보상금, 그런 얘기를 많이 해요. 니네 뭐 10억 받았느니 15억 받았느니, 애가 죽었는데 그런 이제 확정되지 않은 얘기를 자꾸 하고 "니네 애들 뭐 특혜를 많이 받았냐" 그러다 보면 싸움이 나죠, 우리가 요구한 것도 아닌데. 인제 거기서부터 많이 틀어지고 그다음에 뭐 보면 그러죠, 팔자 폈다[는]. 그런 식으로 지네들은 웃어요. 농담처럼 얘기를 하는데 우리는 농담 자체가 비수가 돼갖고 박혀버리니까, 인제 거의 단절을 하는 거죠.

면담자 아버님도 주변 사람이나 친구한테 그런 얘기를 직접 들은 적이 있어요?

건우 아빠 나는 사고 나고서부터 전화를 아예 안 해버리니까.

면담자 그러면 주변에서 좀 조심스러워하나요?

건우 아빠 나 같은 경우는 거의 외부 사람들 안 만나고 하는데, 서울 어머니 같은 경우는 주위에서 다 알고 계시고, 하는 얘기가 손자 죽어가지고 떼돈 벌었다[느니] 어쩌니 그러니까 그게 제일 가슴에 박히시는 거죠.

면담자 아버님 가족 관계에 변화도 있나요?

건우 아빠 이제 집에 가도 작은놈, 작은아이에 대한 얘기를 절대 안 해. 누구라도 꺼내질 않아요, 아예.

면담자 친척들이 모였을 때도?

건우 아빠 그러면서 인제… 서로가 어색한 거지, 애 때문에. 근데 이제 여기서도 대부분 한 70, 80퍼센트는 명절이고 뭐 하고 하는데도 집에 안 가는 거예요. 집에 안 가는 걸로 알고 있거든요.

면담자 아버님은 명절 같은 때 어떻게 하세요?

건우 아빠 저도 그냥 전날 갔다가 그다음 날 오거든요.

면담자 정치에 불신이나 회의감이 있다고 하셨어요.

건우 아빠 정치는 처음부터 관심이 없었어요. 너무 관심이 없었는데, 실제적으로 딱 맞부딪치니까 정치는 솔직히 얘기해 갖고 일반 사람은 진짜 못 하겠더라고요. 이게 정치하는 사람들의 권모술수에 완전히 능통해야지만 거기서 살아남고, 그다음에 당 논리에 따라서 움직이다 보니까 이렇게 우리 한쪽에 해주고 싶어도 당에서 "안 돼" 그러면 이 사람도 그냥 당 쪽에 가버리고. 당에서 "묻어라" 그러면 어떤 방법을 쓰든 가리지 않고 이걸 묻어야 되니까. 그런 걸 많이 봤죠, 인제. 그게 집권당, 여당이죠. 여당이 저기 하면 개인적으로 위원장이 이렇게 만나갖고 얘기를 해보면 거기서도 하는 얘기가 그거예요. 자기도 도와주고 싶은데, "당 논리가 그렇다", "당에서 얘기하면 자기도 당에 소속돼 있으니까 당 논리에 따라야 되지 않겠냐". 자기 개인적으론 미안하단 얘기는 해요. 그러면서 인제 그 행동대장을 앞에다 세우잖아요, 김진태나 조원진 같은. 걔네들을 세워놓구선 이제 집중포화를 쏘게 하는 거죠. 그런 식으로 일들을 하니까 우리하고는 막 위원장이나 집행위원장 같은 경우는 국회의원들하고 이제 회의할 때는, 원내 대표나 아니면 그때 사무처장들 그런 사람들하고 회의를 딱 할 때는 그 사람들도 똑같애요. 우리가 항상 느끼는 거는 대형 참사가 일어나도 똑같은 실수와 행동이 되풀이된다는 걸 느끼고 있죠. 따지고 보면 한성호나 대구지하철 참사, 성수대교나 삼풍백화점 붕괴, 이렇게 내용을 쭉 보면 다 자연재해가 아니고 인재잖아요.

삼풍 같은 경우도 전부 다 우왕좌왕, 성수대교도 우왕좌왕 그러고 나서 마무리하는 게 전부 다 돈으로 보상해 주고 끝난 거잖아요. 그러다 보니까 계속 똑같이 흘러오는 거거든. 대형 사고 나면 대충 수습해 놓구서 보상금 전부 다 때리고, 때리고 하다 보니까 다람쥐 쳇바퀴 돌듯이 하다 보니까 그게 국회의원들도 똑같애요. 그다음에 그 관련된 공무원들[도] '어, 사고 났구나. 사람 죽었구나' 그럼 보고하고 대충 수습하고 정부에서 보상을 하든, 아니면 그 거기 관련된 기업에서 보상을 하든 그걸로 해서 전부 다 마무리를 하고 끝났다 그러고, 한 모퉁이에다가 추모비 세워주고 뭐 그러고 나서 전부 다 끝내거든요.

삼풍이나 대구지하철 그런 데 찾아보면 일반 사람들은 추모비가 어디에 있는지 아무도 몰라요, 그 관련된 사람 이외에는. 그런 식으로 전부 다 이렇게 해놓구선 자기네들은 책임 없느니 어쩌구 얘기를 하는데, 거기에 인제 우리가 만들고자 하는 것이 그거죠. 지금 세월호 참사로 인해서 해상이든 육로든 거기에 대한 매뉴얼을 만들어놓고, 그 매뉴얼에서 전부 다 구조, 구난 그런 지침을 만들어놓고, 이런 사고가 나면 바로 그 지침에 의해서 한 사람이라도 희생 안 되게끔 하는 사회를 만들려고 지금 그렇게 노력을 하고 있는데, 그게 원래 정부에서 하는 거지 우리가 해야 될 일은 아니잖아요. 유가족들이 해야 할 일은 아니잖아요. 근데 이 나라에서는 유가족들이 나서질 않으면 바뀌질 않아요.

그니까 시민 단체에서도 하는 얘기가, 처음엔 자기네들도 우리가 이렇게 하는 게 길게 6개월을 봤어요. 근데 지금 거의 3년을 끌고 오잖아. 다른 게 뭐냐면 아까도 얘기했듯이 우리는 딱 단일, 아이들을 위해서 움직이기 때문에 쉽게 부서지진 않거든요, 그렇기 때문에 여까지 올 수도 있었고. 우리가 앞으로 해야 될 게 뭔지도 알고 있기 때문에 밀고 나가는 거예요. 그 목표는 그거 하나예요. 여기서 할 수 있는 최종 목표, 다음 세대에 아이들이 이렇게 허망하게 죽지 않게 하기 위해서 우리 부모들이 열심히 지금 하고 있는데, 우리가 인제 바라는 점은 이렇지. 우리 대에서 이게 다 마무리 됐으면 좋겠다고. 우리 대[에서] 마무리 안 되면 형제자매나 친구들, 시민 단체들하고 같이 뜻을 모아 그분들이 또 우리 뒤를 이어서 열심히 해줄 거라고 생각하고는 있는데, 그거보다는 우리 부모 대에서 싹 마무리가 됐음 제일 좋을 거 같다는 생각을 항상 하고 있죠, 그게 바람이고.

6
형제자매에게 세월호의 의미, 가족의 변화

면담자　　희생된 아이들 형제자매에게는 세월호가 어떤 의미라고 생각하세요?

건우 아빠　　지금 형제자매들도 보면 오빠나 형이 단원고 졸업을 못 했잖아요. 그럼 자기네들도 보통 아이들이 생각할 때 거기는 쳐다보기도 싫을 거 아니에요. 근데 오빠나 형이, 누나가 졸업을 못했기 때문에 '내가 대신 그 학교 들어가서 졸업장을 받겠다' 그래 갖구선 지금 단원고 들어가서 공부하는 경우[도] 많아요. 걔네들 나름대로 자기네들끼리 모여갖고 그 활동도 하고 하니까, 지금 이제 생존 학생들도 대학생이 돼 있잖아요. 거기서도 뜻이 맞아갖고 활동하는 아이들이 또 있어요. 이제 걔네들 주축으로 활동을 하고, 고등학교는 고등학교에서 자기네들끼리 뜻이 맞아갖고 활동하는 애들이 있고. 그런 애들이 다 사회에 나오게 되면, 여기에 대해 뜻을 같이 모으면 재단이 생기고, 글로 같이 들어와서 일을 할 거 아니야. 걔네들이 이어서 일을 하니까 이제 우리 세대에서 일을 마무리하면 형제자매들이나 친구들이 들어왔을 때는 그걸 이제 발판을 삼아가지고 일을 하면 참 쉬운데, 우리가 끝내지 못하고 형제자매나 친구들이 들어왔을 때는 그만큼 이제 자기네들이 일을 하기 힘들다는 거지. 힘든 거는 우리 부모 대에서 마무리하고 다 정리하고, 그다음에 인제 얘네들이 그거를 발판 삼아갖고 일어설 수 있게끔 계기를 만들어놓는 게 우리가 할 수 있는 일이라고 생각하는 거죠.

면담자 희생된 아이들 형제자매가 할 수 있는 일은 다른 단계의 일이라는 말씀이죠?

건우 아빠 네.

면담자 건우는 형이 있잖아요.

건우 아빠 네.

면담자 지금 말씀하신 경우는 주로 동생들 얘기 같은데, 건우 형에게는 어떤 변화가 있었나요?

건우 아빠 그 녀석도 지금 말은 안 해요, 아예. 동생에 대해선 얘기를 안 하는데, 집에서 딱 한 마디 저번에 얘기를 하더라고요. 동생 얘기하는 거, 저기 하는 걸 싫어해요. 하지 말라 그러더라고. 동생 물건 "아빠, 가져갈게" 그랬더니 그거 놔두라고, 그거 가져가지 말라고 그러더라고. 동생 방에다 그냥 놔두라고 하더라고. 나름대로 자기도 부담되는 게 있겠죠.

면담자 뭔가 정리되지 못한, 여전히 큰….

건우 아빠 네, 남아 있는 거죠.

면담자 형이 성인이지만 아직까지 아버님, 어머님이 양육이나 교육에 대해 생각하시잖아요. 교육관에 변화가 있을까요?

건우 아빠 우리 집 같은 경우는 처음부터 애들 그렇게 잡아놓고 공부를 시키질 않았어요. 초등학교 때나 유치원 때도 마찬가지고 그냥 풀어놓고 저기 했거든요. 집사람이 "공부해라, 공부해라" 쫓아다니면서 그런 얘기도 안 했고. 얘들이 이제 초등학교부터 공부방이라는 데를 다니면서 바로 학교 앞에 있으니까 가방은 공부방에 갖다 놓고, 학교에서 축구를 하다가 시간 되면 공부방 가서 공부하고 집에 오고, 항상 그런 패턴으로 하다 보니까. 이제 중학교 가서도 자기네들 뭐 밖에서 친구들 만나서 놀다가 학원 갈 시간

되면 가고, 그러고 집에 오고. 집에서도 컴퓨터게임 하다가 엄마가 "너무 오래했으니까 그만해라" 그럼 자기네들 시간, 지들이 이제 게임하던, 그 하던 게 있잖아요. 하다가 끊을 수가 없으니까, "이것만 하고 할게" 아니면 "엄마, 30분만 더 하다가 공부할게" 그렇게 얘기하면 그 약속을 지네가 지키니까, 집사람은 그냥 놔뒀어요, 알아서 공부하게끔. 그렇게 저기를 했는데, 큰애는 대학교 시험 볼 때도 나름대로 지가 찾아서 알아보고 엄마 아빠한테 어디어디 대학교 설명회 하는 데 가자 그런 얘기도 안 해요. 그냥 지가 알아서 가고 싶은 데 인터넷 찾아보고 정시고 수시고 지가 해가지곤 뭐 시험 보겠다 그러고. 그러면 자기가 원서 접수해 갖고 이제 시험 보러 가는 날만 태워달라고, 그렇게 했어요. 나는 뭐 남들처럼 엄마 아빠들이 따라다니면서 대학교 그런 건 해본 것도 없고….

면담자 그런 가치관은 지금도 변함이 없죠?

건우 아빠 네. 집사람 같은 경우는 이 참사가 나고서는 큰애한테는 뭐라 그랬냐면, 이 나라에서 큰애는 살지 말라고, 니가 유학 가서 저기 하면 거기서 그냥 눌러앉고 터전을 잡으라고 얘기를 하더라고요. 여기 한국에서는 될 수 있으면 있지 말라고. 내가 얘기한 거하고 집사람은 똑같이 느끼는 거예요. 이 국가가 국민한테 준 배신감 자체는 너무 어마어마한 거예요. 10년만 젊었으면 전부 다 여기 떴다고 얘기해요.

면담자 국가를 버리고 싶은 심정인가요?

건우 아빠 　　네. 지금 하는 짓 보면 이게 진짜 나란지, 국간지 분간이 안 돼요…. 그 정도로 우리한테 배신감이 어마어마한 거예요. 왜냐면 4월 16일 날 이게 전 세계가[로] 애들 수장되는 게 전부 다 방송에 타고 나갔잖아요. 부모들은 그 팽목항에서 발 동동 구르고 있었고, 내려가고 구할 수 있는 걸 전부 다 못 구했으니까. 우리가 얘기했듯이 그 상황들만 제대로 설명이 됐으면, 이렇게까지 분노나 실망이나 아이들한테 미안한 것쯤은 덜하죠. 이거는 맨날 하는 게 거짓말하는 거 덮으려고 하고, 은폐하려고만 하니까. 우리가 정부하고 싸우다 보니까 이건 뭐, 정부에서 하는 얘기가 다 거짓말이라는 거야, 다 나오니까 인제. 오히려 더한 거예요. 자기네들이 약속하고 자기네가 그걸 뒤집어. 뒤집어엎는 게 국회잖아요. 국회, 정부 다 그렇게 나오는데 이 나라가 국간지, 정부가 정부로 보[이]겠냐고요. 참사가 나고 나서 뭐 우리한테 특별재해구역 선포했다고 해서 뭐 우린 수신료 공제 그런 거 원하지도 않아요.

7
참사 이후 투쟁 과정에서 위안이 된 점과 힘든 점

면담자 　　지난 3년 동안 투쟁하며 살아오셨는데, 그래도 위안이 된 점이 있을까요?

건우 아빠 　　나름대로 한 거는 진상 규명을 하다 보니까 조금씩 조금씩 이 진실에 가까워진다는 거. 아이들 위해서 조금씩 조금씩 밝혀나가는 게 그나마 좀 희망이고, 애들한테 보답하는 길이라고 생각하고 있죠. 처음보다는 어느 정도 많이 진상 규명 열심히 하고 뛰고 뭐 이렇게 하다 보니까, 이 세월호 참사가 나름대로는 인제 의문점을 많이 갖고 있죠. 그게 배가 올라왔으니까 하나씩 하나씩 미스터리가 벗겨지면 거기에 대한 저거는 있겠죠.

면담자 아버님, 시간 안 되세요?

건우 아빠 아니, 아니요. 잠깐만 쉬려고.

(잠시 중단)

면담자 참사 이후 투쟁 과정에서 위안이 된 점을 듣고 있었어요. 반대로 가장 힘든 점이 무엇인지 여쭤보고 싶습니다.

건우 아빠 가족협의회나 시민 단체에서 아이들 위해서 행사한다고 포스터나 그런 거 얼굴 보면 작은애한테 제일 미안한 거죠. 그때 당시에 부모로서 해준 게 아무것도 없으니까. 그 녀석한테는 지 형만큼 이렇게 잘해준 게 없다는 생각밖에 안 나요. '좀 더 잘해줄걸' 그런 생각밖에 안 나니까 그 녀석한테 되게 미안한 거죠.

면담자 아이를 생각할 때 가장 힘들다는 말씀이군요.

건우 아빠 네. 그 녀석 방에 들어가는 게 엄두가 안 나거든요. 가끔 한 번씩 들어가서 이렇게 사진이나 만져보고 그러는데, 그게 제일 힘들어요.

8
현재 건강 상태

면담자 아버님, 드시는 약이 많다고 하셨어요. 그동안 건강에 변화가 있었나요?

건우 아빠 계속 지금 잠도 못 자고, 인제 패턴이 완전 바뀌어버린 거죠. 그 사고가 있던 날부터 해갖고 몸 자체가 완전히 무너져 버리니까. 리듬도 무너져 버리고 다 그냥 성한 데가 없어요. 250명 학생 부모들 다 똑같애요. 잠도 못 자고, 그 전에 없던 병들이 다 생긴 거죠. 몸이 완전 다 만신창이가 된 거죠. 그래도 병원 가서 그때 의료비 지원해 주겠다고 그래도 그 얘기를 못 해요. 그냥 늘 하던 대로 치료받고, 병원비 다 내고. 보약부터 시작해서 뭐 다 그렇게 지원받아서 먹은 부모님 많다고 얘기하는데, 병원 가서 얘기는 참 못 하겠더라고요.

면담자 지원받지 못하는 이유가 미안한 마음 때문인가요?

건우 아빠 아니, 그 자체가 얘기를 하기가 되게 힘들어요. 그러니까 평상시에 그냥 진료받고, 치료비 지불하고 그게 제일 속 편하지. 애로 인해서 세월호 그거 얘기를 하면[해야 지원을 받는데] 못 하겠더라고요, 애한테도 미안하고 그러니까.

면담자 잠은 지금 어떻게 주무세요?

건우 아빠 처음에는 수면제 먹다가 나중에는 이것도 안 듣더라고요, 계속 먹으니까. 인제 수면제 안 먹고 버티면 보통 [새벽] 5시 나 6시 되면 잠깐 잠들었다가 일어나니까. 보통 잠깐 잠들면 길게 자면 4시간, 적게 자면 3시간. 그것도 계속 깨고 깊게 자는 게 아니니까.

면담자 계속 그렇게 지내시는 거죠?

건우 아빠 네.

면담자 트라우마센터, 온마음센터처럼 치유를 위한 곳도 있잖아요?

건우 아빠 우리나라에 지금 트라우마센터나 뭐 이게 정립이 돼 있질 않아요. 가면 처음부터 끝까지 다시 또 얘길 끄집어내야 되고, 그러다 보니까 우린 더 힘든 거죠. 거기에 대한 트라우마 [치료]가 체계적으로 정립돼 있는 병원도 없고 의사들도 없고. 정신과 치료를 받아야 되는데, 정신과 치료를 받으면 진료에 그게[기록이] 남아버리니까 또 그건 그렇고. 외국 같은 경우엔 이 트라우마센터들이 따로 있어 전부 다 체계적으로 돼 있으니까. 외국 사례 보면 트라우마가 지금은 안 나타나도 5년 뒤, 10년 뒤에도 나타날 수 있다는 연구 사례가 많이 있거든요. 근데 우리 같은 경우는 거기에 대한 [것이] 전무하다 보니까 그때 생존 애들한테도 트라우마가 적용이 안 됐어요. 그거 땜에 한참 또 우리가 싸우고 그랬는데, 그게 고대병원[고려대학교안산병원]에서 적용을 시켜준 게 특별법에 들어가 갖고, 그 치료비 [지원하는] 기간까지만 거기서 좀 더 연장해 갖고 해준 거로 알고 있거든요. 그게 끝이에요. 지금 여기 온마음센터나 거기 가서 보면 주로 트라우마에 대해서 체계가 돼 있는 게 아니라 이제 힐링 치료, 뭐 만들고 엄마들 수공예나 뜨개질 같은 거, 주로 그런 쪽에 많이 저기를 하는 거지.

면담자 아버님은 그런 활동은 안 하세요?

건우 아빠 아예 안 하죠. 집사람도 처음에 트라우마센터, 온마음센터도 갔다가 성질을 냈다 그러더라고요. 그 사고가 날 당시부터 시작해서 그걸 다시 또 끄집어내도록 유도를 해버리니까 집사람이 이제 하는 얘기가 그거더라고요. "그걸 왜 당신한테 얘기하냐"고, "차라리 정신과 병원을 소개해라. 거기 가갖고 치료받겠다"고 [했다 하더라고요]. 이제 그러다 보니까 처음에는 온마음센터고 뭐고 이런 데 많이 부모들한테 배척을 받았죠.

면담자 아버님은 유가족분들이나 생존 학생의 치유에 도움이 되는 것이 무엇이라고 생각하세요?

건우 아빠 모르겠어요, 그게 어떻게 도움이 되는 건지. 우리 같은 경우도 이런 게 처음이라. 아까도 얘기했듯이 대형 사고가 일어났을 때, 대구지하철 화재나 삼풍, 성수대교 붕괴 사고 [때] 이런 매뉴얼이 없다 보니까 트라우마가 오고 이런 것도 정부에서 관심이 없다 보니까. 이런 게 하나도 체계적으로 돼 있질 않으니깐 우리나라 병원 자체도 그런 연구하는 사람들도 없고 그런 데이터를 갖고 있는 병원도 없고 그러다 보니까 이게 되지가 않는 거죠. 하나부터 열까지 체계가 안 돼 있으니까. 외국 같은 경우는 9·11 테러가 났을 때도 이 트라우마에 대해서 정부가 계속 지원을 해주고 센터를 만들고 하고 있잖아요. 우리 같은 경우는 그게 아니니까.

그래 갖고 저번에 미국 가서 그 9·11공원을 가니까 거기에서 얘기하는 게 그렇더라고요. 자기네들도 아직 트라우마 같은 경우에는 정부에서 지원을 받아갖고 계속 그런 치료하고 연구하고 그러고 있다고 하더라고요. 우리 같은 경우는 딱 그거잖아요. 딱 사고가 나면 재해지역 선포해 갖고 병원 뭐 혜택 주고, 고 기간 끝나면 없어. 그러다 보니까 초기에는 트라우마 관련해서 뭐 교수들이 모여갖고 연구하니 뭐 하니 한참 그러더니만 지금은 조용하잖아요, 그때 당시만 반짝하고.

면담자 이해가 필요하고 좀 더 알아야 할 게 많다는 말씀이죠? 또 지속적이어야 하고요.

건우 아빠 네. 그래야 사후 대책이 계속 이렇게 생겨가지곤 이런 참사가 생겼을 때는, 아 그때 트라우마센터에서 데이터 갖고 자료 계속 측정시키면서 나름대로 자기네들도 그런 관심을 갖고 해야 되는데, 지금 우리나라는 그런 게 없잖아요. 그러니까 사고 나면 병원마다 트라우마센터 같은 그런 게 없으니까 이 병원 갔다가 아니면 다른 병원 갔다가 우왕좌왕해 버리니까, 우리 같은 경우는 병원을 아예 안 가버리죠.

9
삶의 목표

면담자 아까 투쟁의 목표를 말씀해 주셨는데, 앞으로 아버님 삶에 개인적인 목표가 있을까요?

건우 아빠 이제 목표는 일단 다 수정됐다고 봐야죠. 그 전에 아이들이나 가정 위해가지고 생활을 했는데, 인제는 일부는 작은애를 위해서 활동을 해야 되고, 또 한쪽은 큰애 졸업할 때까지 앞에 갈 수 있게끔 도와주는 거. 그거까지 하고 나면 작은애 위해서 쪼그만 동네를 만들든, 뭘 만들든 나름대로 목표를 두고선 또 거기에서 해야죠. 작은애 인제 올레길을 만들든가 아니면 쪼그맣게 공원을 하나 만들든가 그게 인제 갖고 있는 꿈이죠. 변한 거죠(침묵). 아마 그게 최종 목표가 될 거 같애요.

면담자 한 가지 더 여쭐게요. 건우를 떠올리면 힘들다고 말씀하셨는데, 건우가 지금 아버님께 어떤 의미인지….

건우 아빠 어떤 의미라는 거, 뭘 얘기하는 거지?

면담자 아버님 삶에서 건우가 어떤 의미인지, 참사 이전의 건우와 지금의 건우가 아버님께 다른 의미일 수도 있을 것 같아요.

건우 아빠 다르진 않아요, 똑같애요. 큰애나 작은애나 둘은 똑같애요. 큰애나 작은애나 성격은 좀 다른데, 그래도 걔네들은 집사람이나 나한테는 둘 다 희망이라 그럴까? 집사람도 마찬가지고 나도 마찬가지고, 두 녀석을 위해서 저기를 했으니까. 그 녀석들이 원하는 거는 집사람도 그렇고 나도 그렇고 거의 해주려고 노력을 많이 했고, 그만큼 많이 해줬고…. 그니까 둘 다 되게 등대랑 같은 존재예요. 둘 다 사회에 나가서 밝은 빛이 되라고 집사람[과] 나는 많이 저기를 했으니까. 원래는 쌍둥이 등대로 생각을 했는데, 작은애가 [그렇게] 돼버리니까 큰애가 외로이 혼자 등대가 되다 보니 큰 놈한테 신경을 좀 많이 써야겠고. 작은애는 작은애 나름대로 그 녀석 위해서 또 내가 해줄 수 있는 거 만들어놔야죠. 그게 인제 마지막 꿈, 목표라고 보시면 돼요.

면담자 질문은 마무리했어요. 아버님, 더 남기고 싶거나 알리고 싶은 이야기가 있을까요?

건우 아빠 세월호 참사에 대해서 우리가 늘 생각하고 말하는 건, 잊지 않고 끝까지 같이 행동해 주시고 가슴에 항상 기억해 주시면 그걸로 저희는 만족을 하죠…….

면담자 쉽지 않은 과정에 함께 해주셔서 감사드립니다. 아버님 마지막 말씀하신 것처럼 들려주신 얘기에 대한 뜻이 잘 이뤄졌으면 합니다.

건우 아빠 네.

면담자 이것으로 마치겠습니다.

건우 아빠 고생하셨습니다.

4·16구술증언록 단원고 2학년 5반 제7권

그날을 말하다 건우 아빠 김정윤

ⓒ 4·16기억저장소, 2019

기획 편집 4·16기억저장소 | **지원 협조** (사)4·16세월호참사가족협의회

펴낸이 김종수 | **펴낸곳** 한울엠플러스(주)

초판 1쇄 인쇄 2019년 4월 1일 | **초판 1쇄 발행** 2019년 4월 16일

주소 10881 경기도 파주시 광인사길 153 한울시소빌딩 3층

전화 031-955-0655 | **팩스** 031-955-0656 | **홈페이지** www.hanulmplus.kr

등록번호 제406-2015-000143호

Printed in Korea.

ISBN 978-89-460-6748-6 04300

978-89-460-6700-4 (세트)

* 책값은 겉표지에 표시되어 있습니다.